地理课件制作

主　编　刘　华　尚志海

编　委　周志东　吴炼璇　赵广森

华中科技大学出版社

中国·武汉

内 容 提 要

本教材通过举例详细地分析与讲解了地理课件的制作方法与技巧,通过图解及详细步骤,使原本晦涩难懂的制作过程变得生动形象、易于理解。

本教材内容共分为五章:绪论、Authorware 课件制作、PowerPoint 课件制作、Flash 动画制作和综合课件制作,不但介绍了三个主要软件的使用方法和地理课件案例的制作过程,而且还通过综合课件制作探讨了软件之间的兼容问题,这也是本书的一大特点。

本教材可以作为高等师范院校地理专业的教材,也可以作为中学地理教师自学课件制作的重要参考书。

本教材配备了相关网络资源提取平台(http://pan.baidu.com/s/1pJDdPij,提取密码:cnob),该平台除了收录本书实例及相关素材外,还精心收集了一些常用的教学课件及课件制作素材供广大读者参考与使用。

图书在版编目(CIP)数据

地理课件制作/刘华,尚志海主编.—武汉:华中科技大学出版社,2014.10 (2025.7重印)
ISBN 978-7-5680-0390-2

Ⅰ.①地…　Ⅱ.①刘…　②尚…　Ⅲ.①中学地理课-多媒体课件-制件　Ⅳ.①G633.553

中国版本图书馆 CIP 数据核字(2014)第 212617 号

地理课件制作　　　　　　　　　　　　　　　　　　　刘　华　尚志海　主编

策划编辑:严育才
责任编辑:严育才
封面设计:刘　卉
责任校对:曾　婷
责任监印:张正林
出版发行:华中科技大学出版社(中国·武汉)　　　　电话:(027)81321913
　　　　　武汉市东湖新技术开发区华工科技园　　　　邮编:430223
录　　排:武汉市洪山区佳年华文印部
印　　刷:河北虎彩印刷有限公司
开　　本:710mm×1000mm　1/16
印　　张:9.25
字　　数:189 千字
版　　次:2025 年 7 月第 1 版第 9 次印刷
定　　价:28.00 元

前　言

随着课堂教学讲授方式的多样化,多媒体课件制作技术发展迅猛,逐渐成为每位地理教师必须掌握的基本技能。地理教师搬用别人的课件固然简便,但每位教师都有自己的教学风格,不同学校学生又各有特点,因此搬用别人的课件可能导致教学效果不很理想,所以,现代教育要求教师应当具备一定的计算机辅助教学(CAI)课件制作能力。地理教师可以依据教学目标和学生特点,利用多媒体技术,将教材中难以板书或难以通过口述表达清楚的内容制作成生动、形象、直观的 CAI 课件,这样既能帮助学生理解重难点,又能激发学生的学习兴趣,增强印象,提高课堂教学效果。

本教材主要以高等师范院校地理科学专业学生为教学对象,通过地理多媒体课件与中学地理教学的联系,把地理课件制作技术应用到中学地理教学中,达到培养高校师范生成为优秀中学地理教师的目的,同时使高校地理专业教育与中学地理教学紧密结合,协调发展。

本教材在内容和体系上具有以下特点。

(1)内容选择具有代表性。地理学科的内容十分丰富,与其他学科内容之间又相互交叉,本教材不可能包括所有内容,因此,本教材选材的原则是:以中学地理教学的需要为依据,不求全面,但求有代表性且实用性强。

(2)内容安排具有系统性。先介绍地理多媒体课件的特点和作用,然后介绍三种与课件制作相关软件。

(3)内容有针对性。为了使高校地理教学能适应中学教学的需要,本教材选取中学教材上相关内容为实例,使地理课件制作教学与中学地理教学紧密相连。

(4)课后训练具有自主性。本教材所举的实例可以起到抛砖引玉的效果,能使学生根据所学的方法,自主创作更多更好的多媒体地理课件,增强学生自主学习和自主创作的能力。

本教材由岭南师范学院地理系刘华教授、尚志海副教授共同编写,由刘华教授负责统稿、定稿。由于编者水平有限,错误在所难免,恳请读者和同行专家批评指正。

编　者
2014 年 6 月

目　　录

第一章

绪论

第一节　认识 CAI 课件

一、CAI 课件的定义

　　CAI(computing assisted instruction,计算机辅助教学)课件是一种利用计算机等现代多媒体信息技术而实现教学功能的教学系统,包括课件中的教学内容及其呈现形式,以及教学过程及其应有的教学目标。CAI 课件基于 Word、PPT、投影仪、录音机,以及 SWF 动画等手段,综合多种多媒体信息技术于一体。

二、CAI 课件的特点

1. 丰富的表现力

　　CAI 课件不仅可以更加自然、逼真地表现多姿多彩的视听世界,还可以对宏观和微观事物进行模拟,对抽象、无形事物进行生动、直观的表现,对复杂过程进行简化再现等。这样,CAI 课件就使原本艰难的教学活动充满了魅力。

2. 良好的交互性

　　CAI 课件不仅可以在内容的学习使用上具有良好的交互控制,而且任课老师通过其可以运用适当的教学策略去指导学生学习,能更好地实施"因材施教"的个别化教学。

3. 极大的共享性

　　网络技术的发展,信息的自由传输,使得教育在全世界交换、共享成为可能。以网络为载体的 CAI 课件,能实现教学资源的共享。

三、传统教学方式和 CAI 课件教学方式的比较

　　地理学科涉及数学、物理、化学与生物等自然学科的知识,具有广泛性和复杂性的特点,同时还具有很强的时空性和运动性特点。在传统教学方式下,中学

生在学习地理过程中往往难以成功地感知、理解和记忆,因而不少学生对学习地理产生畏难情绪,并缺乏学习积极性。在地理教学中,CAI课件的积极运用,对增强学生学习兴趣、突破教学重难点、优化地理课堂教学、有效提高课堂效果起着积极推动作用。

1. 传统教学手段在地理教学中的优势

(1)地理直观教具拥有无法阻挡的独特魅力。地理图册、地理挂图和实物教具对于培养学生的识图能力和帮助学生形成地理意识有自己独特的优越性。

(2)地理"三板"(板书、板图、板画)教学能展现教师的水平和魅力,同时地理"三板"教学艺术反映了教学论的新观念——发展智力,培养能力,其次,也反映了地理教学改革的趋势——图像化。

2. 传统教学手段在地理教学中的劣势

(1)地理教学内容丰富,复杂多样,在有限的黑板上难以充分地展示出来。

(2)在课堂上完成内容丰富的板图、板画要耗费很多时间且不易保证准确性。

(3)地理教学名词概念多,原理、规律也不少,往往需要借用很多挂图来帮助学生理解、类比、归纳,实现图文转换,一般不易完成。

(4)教学挂图信息容量大、要素繁多、不分主次,而且能见度低,不利于学生学习。

(5)地理教学要分析研究自然界客观事物的发生、发展和演变的规律,还要了解世界各地的人文特征、生产发展以及人地关系等问题,传统教学手段难以实现。

(6)虽然地理教学中关于我国国情教育和爱国主义思想教育的素材多,但现成的系统而生动活泼、形象逼真、富有感染力的画面少,一般情况下难以创造一个良好的教育环境,激发学生的爱国热情,完成德育教学。

3. CAI课件在地理教学中的优势

(1)有利于学生认知过程的发展和地理教学目标的实现、强化信息、突出重点。

(2)有利于充分发挥地理教学中多媒体的作用,达到图文相统一的效果;有利于突破时空限制,实现逼真模拟显示。

(3)有利于培养全能型、开拓型人才,提高学生学习地理的兴趣。

(4)有利于地理教学中德育功能的落实。

4. CAI课件在地理教学中存在的问题

(1)多媒体教室需遮光、不透风,长时间看屏幕,师生容易视觉疲劳、头脑发昏,效率降低。

(2)多媒体教学具有吸引学生注意力的作用,不合理的多媒体技术应用会让人眼花缭乱、心烦意乱。

（3）若教学过程过于依赖多媒体,使得学生成了"看戏"者,教师成了"放戏"者,"演戏"的却成了多媒体设备及软件。教师和学生都失去了自主创新与学习的热情。

（4）多媒体替代了一切,成了现代课堂教学的全权代表,而传统教学艺术却逐渐被淡化,部分教师对于行之有效的"三板"艺术缺少练习,更谈不上运用自如了。

5. CAI 课件在地理教学中的注意事项

（1）切忌一味追求 CAI 课件的"技术含量",要把 CAI 课件与学科教学相结合,注重其实用性。

（2）切忌完全摒弃传统教学方法。

（3）切忌地理课件主次不分。

四、CAI 课件在地理教学中的作用和意义

CAI 课件走入地理课堂既是课程改革的需要,又是当今网络时代的一种必然趋势。CAI 课件走进地理课堂,可以实现教育观念的现代化、教学手段的现代化、教学方式的现代化。

在地理课堂教学中,利用 CAI 课件,通过运用多种多媒体技术,可以轻松突破地理教学重难点;可以把抽象转变为具体;可以培养学生的创新意识和创新思维;可以培养和提高学生的思维能力和空间想象能力;可以更好地复习课程。

在地理教学中,以下内容最适合使用 CAI 课件:

（1）易疏忽、写错的或要予以强调的文字内容;

（2）复杂实验操作过程、运行顺序、解题程序;

（3）抽象难以理解的概念、易混淆的概念;

（4）太快或太慢、太小或太大不能直观教学的物理和化学现象;

（5）机械设备的内部结构和运行规律、生物体的微观结构。

第二节 CAI 课件制作

一、制作 CAI 课件的常用软件

当前用于制作 CAI 课件的 3 种最流行的工具软件是:Authorware,适于制作专业型 CAI 课件;PowerPoint,适于制作演示型 CAI 课件;Adobe Flash,适于制作动画型 CAI 课件。

1. Authorware

Authorware 是一个基于设计图标和流程线的可视化编辑平台,具有强大的交互功能、丰富的变量和函数、大量的库和模板、跨平台的体系结构、高效的多媒

体集成环境和标准的应用程序接口,允许开发者使用文字、图片、动画、声音、视频等媒体信息来创作交互式的多媒体作品。

2. PowerPoint

PowerPoint 是微软开发的演示文稿制作工具,具有操作简便、功能强大的特点,是制作演示型课件的理想工具。

3. Adobe Flash

Adobe Flash 是一款出色的动画开发工具,在二维动画制作领域处于领导地位,正是由于其动画方面的出色功能,很多课件开发者开始用它来制作动画型CAI 课件。

二、制作 CAI 课件遵循的目标

在注重科学性的前提下,突出针对性,以优化地理信息表述为教学目标。在注重技术性的基础上,突出可操作性,以实用为最终目标。

三、制作 CAI 课件的一般步骤

CAI 课件制作的一般步骤:课件目标分析;课件系统分析;脚本设计;CAI 课件制作前的素材收集、准备工作;课件制作;课件调试评价。

四、制作 CAI 课件时应注意的问题

CAI 课件制作时应注意的问题是:选材要合理;一定要达到既定的制作目标和教学目标;要强调其交互性。

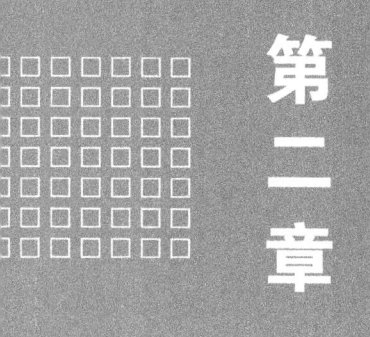

第二章

Authorware 课件制作

Authorware 可用于创建互动的程序,能整合声音、文本、图形、简单动画,以及数字电影。它操作简单,程序流程清晰,开发效率高,易学易用,是中小学教师制作多媒体课件的常用工具之一。

本章将通过简单介绍 Authorware 的用户界面和示范制作"中国的民族"、"冷锋及其天气"和"首都——北京"三个地理课件,向读者介绍 Authorware 软件制作地理课件的操作过程及技巧。

第一节　Authorware 简介

一、简介

Authorware 是 Adobe 公司开发的一个图标导向式的多媒体制作软件,其拥有非常强大的功能。它无须传统的计算机编程语言,只需通过对图标的调用就可以编辑控制程序走向的活动流程图,以及将文字、图形、声音、动画、视频等各种多媒体项目数据汇集在一起,达到丰富课堂,展示多媒体效果,获得所需教学效果的目的。Authorware 的设计思想是通过图标的调用以替代传统的计算机编程语言。

Authorware 通过直观的流程图来表示用户程序的结构。用户可以通过流程图增加并管理文本、图形、动画、声音以及视频,还可以增加各种交互,以及起导航作用的各种链接、按钮、菜单。

二、用户界面

在计算机中安装 Authorware7.0 中文版后,用鼠标双击该软件图标启动Authorware 7.0。单击"新建"窗口上的"取消"按钮,出现如图 2-1 所示的用户使用界面。

Authorware 的用户界面主要由菜单栏、演示窗口、常用工具栏、图标工具

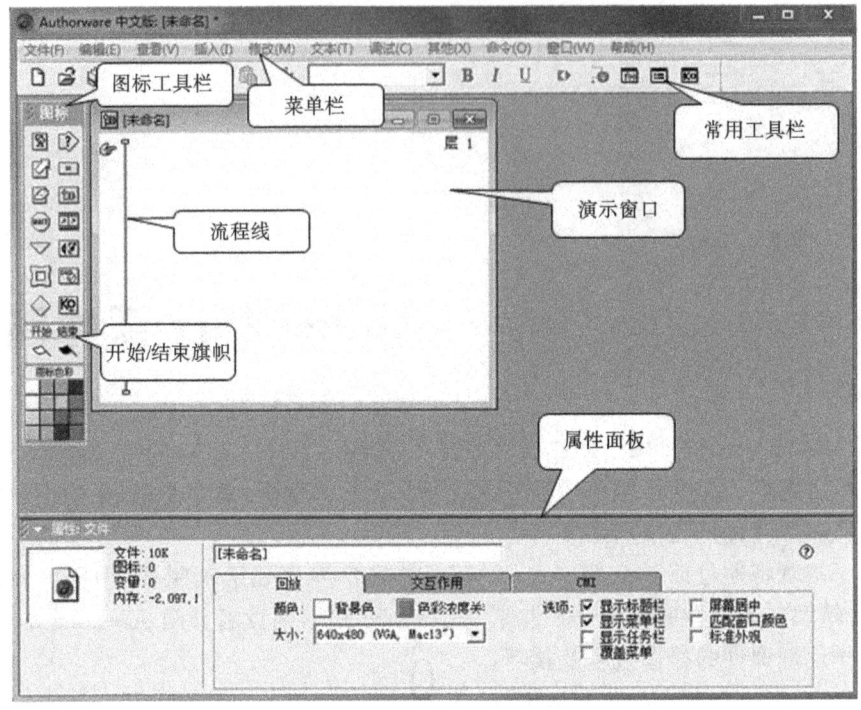

图 2-1　Authorware 7.0 用户界面

栏、属性面板等部分组成。

1. 演示窗口

演示窗口(也称演讲窗口)是呈现程序运行结果的地方,也是编辑图形、图像、视频等对象的场所。双击流程线上的显示图标、交互图标、电影图标等均可以打开演示窗口。默认状态下,演示窗口中有标题栏和菜单栏。演示窗口的大小、位置、是否有标题栏和菜单栏与文件属性有关。

2. 常用工具栏

常用工具栏上的每个按钮实质上是菜单栏中具体的某一个命令,因为使用频率较高,所以被放在常用工具栏中。熟练使用常用工具栏中的按钮,有利于提高工作效率。常用工具栏中各个按钮的图标、名称和对应功能如表 2-1 所示。

表 2-1　常用工具栏中各个按钮的图标、名称和对应功能

图　　标	名　　称	功　　能
	新建按钮	新建一个文件
	打开按钮	打开一个已存在的文件

续表

图 标	名 称	功 能
	保存按钮	对编辑的文件(或库)进行保存,但不退出编辑状态
	输入按钮	导入图像、声音、视频、文本等文件
	撤销按钮	撤销本次操作
	剪切按钮	把选中的内容(如流程线上的图标或演示窗口的对象)剪切到剪贴板上
	复制按钮	把选中的内容拷贝到剪贴板上
	粘贴按钮	与剪切按钮、复制按钮配合使用,把剪贴板上的内容粘贴在指定的位置
	查找/替换按钮	用于查找/替换课件中图标名称、变量及图标里的文字等
	样式列表按钮	可以选择一个文本样式应用于文本
B	粗体按钮	使选中的文字变为粗体
I	斜体按钮	使选中的文字变为斜体
U	下划线按钮	为选中的文字添加下划线
	运行按钮	运行正在编辑的程序
	控制面板按钮	调出程序运行控制面板,可以进行跟踪调试
	函数按钮	调出函数窗口
	变量按钮	调出变量窗口
	知识对象按钮	打开知识对象窗口

3. 图标工具栏

图标工具栏在 Authorware 窗口中的左侧,共包括了 14 个图标、开始旗、结束旗和图标调色板,是 Authorware 的重要组成部分。图标工具栏的具体功能如表 2-2 所示。

表 2-2　图标工具栏的具体功能

工具栏	按　钮	名　　称	功　　能
		显示图标	用来制作课件的静态画面、文字,可以用来显示变量、函数值的即时变化
		运动图标	用来驱动显示对象(文字、图形、图像等)形成简单的路径动画,有 5 种运动方式,对象可以按任意路径移动,可改变运动速度
		擦除图标	用来擦除选定的文字、图片、声音、动画等
		等待图标	其作用是暂停程序的运行,直到用户按键、单击鼠标或者经过一段时间的等待后,程序再继续运行
		导航图标	其作用是控制程序从一个图标跳转到另一个图标去执行,常与框架图标配合使用
		框架图标	用于建立页面系统、超文本、超媒体
		判断图标	其作用是控制程序流程的走向,完成程序的条件设置、判断处理和循环操作等操作
		交互图标	用于设置交互作用的结构,以达到实现人机交互的目的
		计算图标	用于计算函数、变量和表达式的值以及编写 Authorware 命令程序,以辅助程序的运行
		群组图标	能将多个图标合成在一个群组图标中,一方面可以减少流程线的长度,另一方面可以将课件中完成同一个任务的图标放在一个群组图标中,实现程序的模块化管理
		电影图标	用于加载和播放外部的影片文件,如用 MAX、QuickTime、Microsoft Video for Windows 等制作的文件
		声音图标	用于加载和播放声音文件
		DVD 图标	在应用程序中整合播放 DVD 视频文件
		知识对象	知识对象内包括多种连接程序,可以与很多种媒体进行连接
		开始旗	把此标记放在流程线上,运行程序时,从此标记所在处开始执行
		结束旗	把此标记放在流程线上,执行程序遇到此标记时立即停止执行
		图标调色板	给设计的图标赋予不同颜色,以便于识别

4. 属性面板

属性面板位于用户界面的下方,如图 2-2 所示。当选择流程线上某一图标时,属性面板上显示该图标的属性。如选择流程线上的显示图标,属性面板则显示显示图标属性;选择交互图标,显示交互图标的属性;不选择任何图标,则显示文件的属性。选择"窗口"→"面板"→"属性"菜单命令(或按 Ctrl+I 键),可以打开或关闭属性面板。

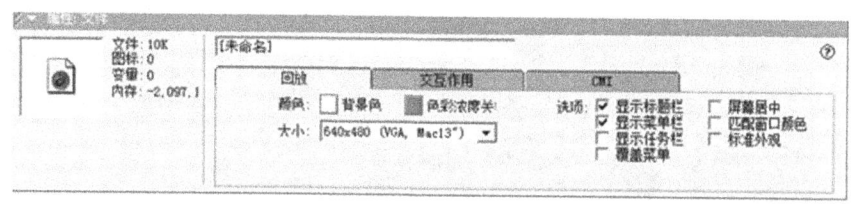

图 2-2 属性面板

第二节 "中国的民族"课件制作示例

"中国的民族"是一个简单的展示型课件,旨在通过图文并茂的形式帮助学生了解我国的民族组成以及各个民族的一些独特服饰、节日和风俗等。

通过本实例的制作和学习主要掌握以下内容:

(1)掌握 Authorware 文件的新建、保存、属性的设置;

(2)熟悉图标工具栏上的图标的应用;

(3)掌握显示图标、等待图标的使用和属性设置;

(4)掌握流程线上的图标的选择、复制和粘贴;

(5)掌握显示图标中图片的导入和图片的大小、位置、显示模式的设置;

(6)掌握文字的输入方法和字体、字号、文字颜色的设置;

(7)掌握文字消除锯齿和粗体的设置;

(8)掌握把课件打包生成在 Windows 环境下运行的可执行文件(一般格式为 EXE,以便在没有安装 Authorware 的计算机上运行)的方法。

【制作思路】

运行课件时,每按一次任意键或单击鼠标,都会显示出某一个民族的图片。课件的部分效果图如图 2-3 所示。

【制作步骤】

1. 文件的建立和属性设置

启动 Authorware 后,自动建立一个文件,关闭"新工程"面板后,要先设置课件文件属性。Authorware 文件属性包括演示窗口的大小、背景颜色、演示窗口有无菜单栏、标题栏等。

图 2-3　课件部分效果图

步骤 1:启动 Authorware 后,单击"新建"窗口上的"取消"或"不选"按钮,将其关闭,系统会自动新建一个文件,如图 2-4 所示。

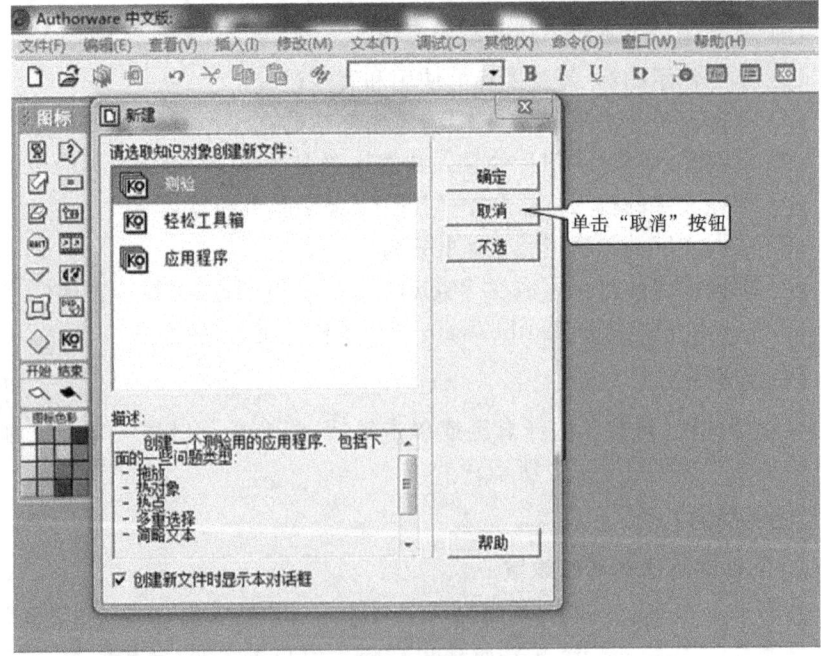

图 2-4　新建文件

步骤 2：依次单击菜单栏中的"修改"→"文件"→"属性"，打开属性面板，修改窗口大小，勾选"显示标题栏"和"屏幕居中"，操作如图 2-5 所示。

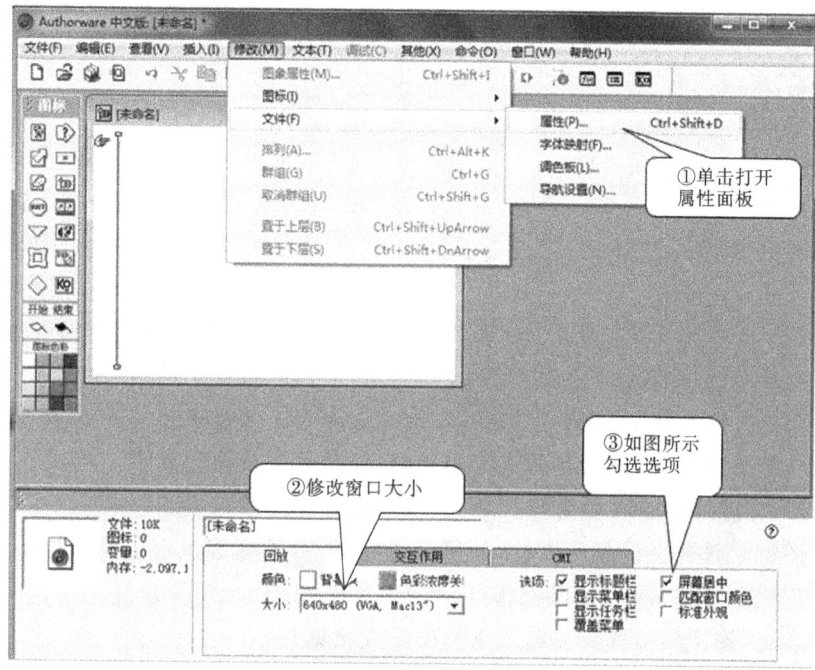

图 2-5　修改属性

步骤 3：接上一步操作，单击菜单栏"保存"按钮，选择保存路径位置，输入文件名"中国的民族"，单击"保存"按钮，操作如图 2-6 所示。

图 2-6　保存文件

【知识窗】

（1）属性面板中的"尺寸"栏是用来设置演示窗口大小的，根据需要而设定。注意：当选择"使用全屏"时，不论在多大的分辨率的环境下播放都是全屏播放；当选择"根据变量"时，屏幕大小可以根据用户的需要进行设置，即演示窗口在播放时可以手动调节。

（2）设置文件属性时，一般不选择标题栏、菜单栏和任务栏，这样可以有更多的空间展示课件的内容。注意：一开始制作课件时就设置好文件属性，应避免课件制作好后再进行修改，否则会使课件内容的位置发生变化，造成不必要的麻烦。

（3）选择属性面板上的"屏幕居中"选项后，课件无论在什么环境下运行，演示窗口将始终在屏幕的中央，所以在制作课件时，一般要选择这一项。

（4）属性面板中"背景色"选项设置的是演示窗口的背景颜色，课件制作中一般使用默认的白色，以方便设置文字的颜色，使文字清楚地显示。

2. 在流程线上添加图标

图标工具栏上的各种图标，如显示图标、等待图标等都可以通过鼠标将其拖到流程线上。方法是：将鼠标指针移动到某个图标上，按住左键不动，向流程线上拖动，当该图标被移到流程线上后松开左键即可。

步骤4：从图标工具栏中将显示图标添加到流程线上，操作如图2-7所示。

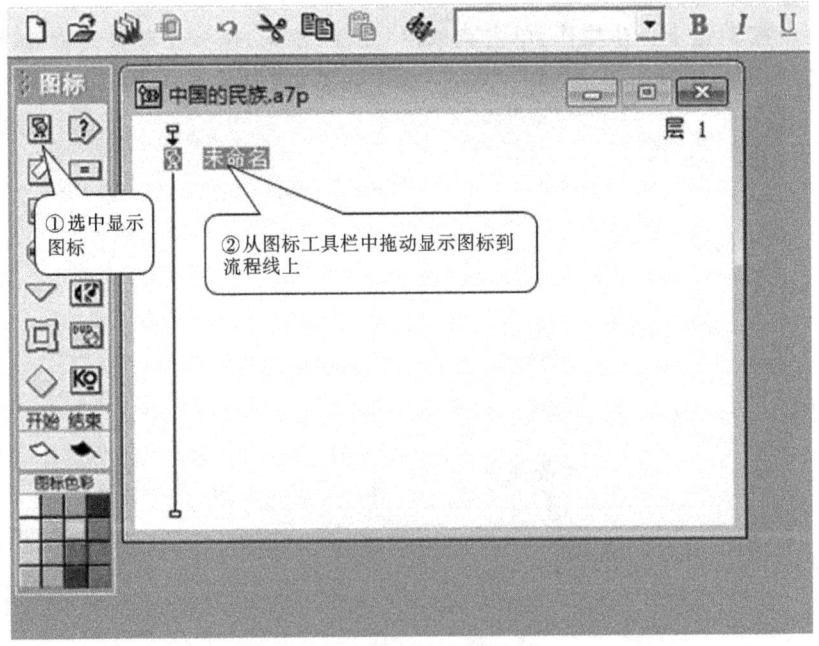

图 2-7　添加显示图标

步骤5：接上一步操作，为流程线上的图标命名，如图2-8所示。

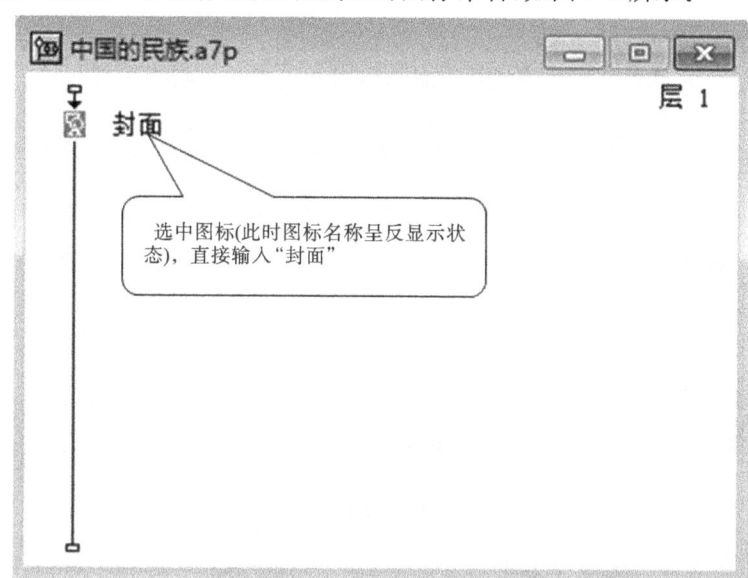

图2-8 命名图标

3. 添加内容到显示图标

步骤6：接上一步操作，双击显示图标打开演示窗口，在常用工具栏中选择"导入"按钮，选择所需的图像文件，勾选"显示预览"，单击"导入"按钮，操作如图2-9所示。

图2-9 导入文件

步骤7：导入图像后，鼠标移动到控点上按住左键拖动，进行图像大小的调整，单击提示窗口的"确定"按钮，鼠标移到图像上后按住左键不动，调整图像在演示窗口的位置，操作如图2-10所示。

图 2-10　修改尺寸与位置

步骤 8：接上一步操作，在演示窗口中，使用绘图工具栏中的文本工具，在演示窗口中选择适当的位置单击，出现光标，接着输入文字"中国的民族"，操作如图 2-11 所示。

图 2-11　输入文本

步骤 9：接上一步操作，设置字体、字号和文字颜色。利用绘图工具栏中的"鼠标"按钮，选中演示窗口中的文字，然后依次单击菜单栏中的"文本"→"字体"

→"其他",选择"仿宋",操作如图 2-12 所示。

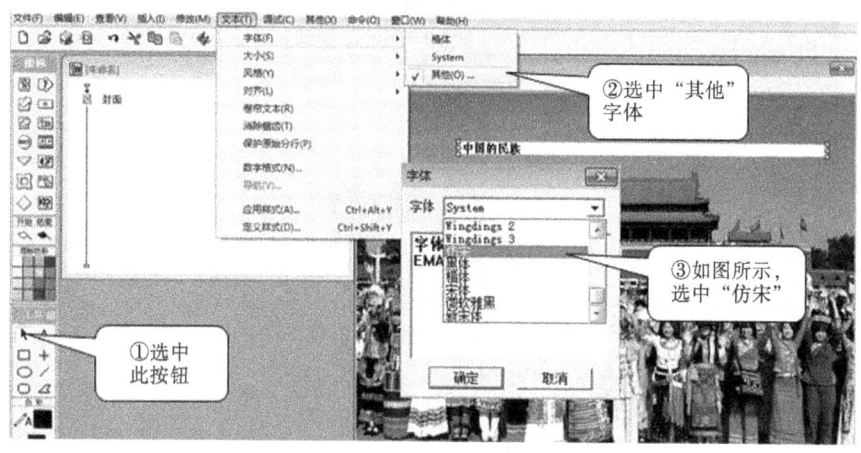

图 2-12　修改字体

步骤 10:接上一步操作,修改文本大小。修改字体大小为 36 磅,并调整文本框的大小,操作如图 2-13 所示。

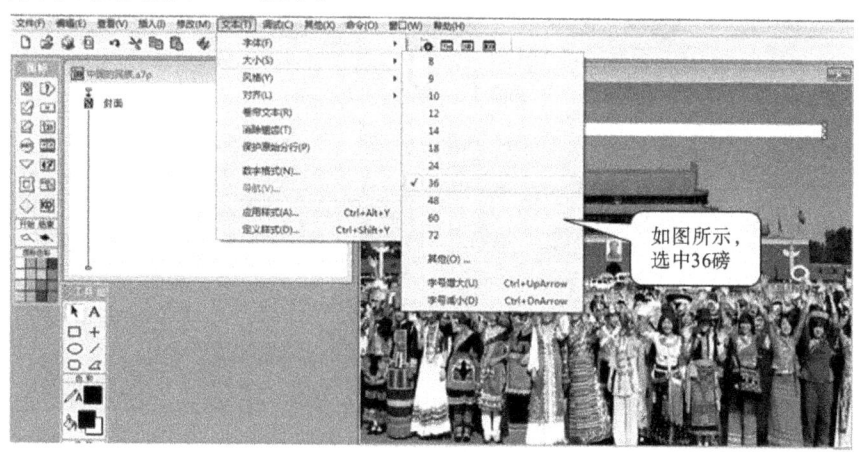

图 2-13　修改字号大小

步骤 11:接上一步操作,修改文本框填充效果。选中文本框,单击绘图工具栏中的字体色彩(注意:不是下面的填充色彩按钮),选择填充颜色为红色。选择模式为"透明"模式,操作如图 2-14 所示。

【知识窗】

在实际操作中,要结合背景的颜色来设定文字的颜色,从而使课件更清晰、美观。

步骤 12:接上一步操作,文字的"消除锯齿"和粗体设置。选中文本,依次选中菜单栏中的"文本"→"消除锯齿",在常用工具栏中单击加粗文本按钮,操作如图2-15所示。

图 2-14　修改填充效果

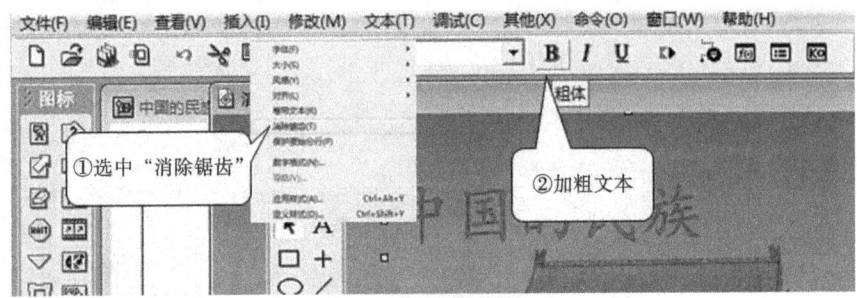

图 2-15　修改文字效果

　　步骤 13：接上一步操作，依次选中菜单栏中"文本"→"对齐"→"居中"，选中文字，调整其位置，操作如图 2-16 所示。

　　【知识窗】

　　（1）用键盘设置文字的大小：当演示窗口中的文字被设置成宋体、黑体等中文字体后，可通过按"Ctrl＋↑"键使文字逐渐变大，按"Ctrl＋↓"键使文字逐渐变小。

　　（2）如果属性面板已经出现在运行界面上，双击流程线上的某个图标，便可以打开该图标的属性面板。

　　（3）双击流程线上的显示窗口，在打开显示窗口的同时，"绘图"工具栏也打

图 2-16　对齐文本

开了,该工具栏一般位于"图标"工具栏下方。

4. 使用等待图标

等待图标 的作用是控制课件的运行,课件运行到等待图标后会暂时停下来,按任意键或单击鼠标可以退出等待。

步骤 14:接上一步操作,在流程线上添加等待图标,按"Ctrl＋I"键打开属性面板,取消勾选"显示按钮",操作如图 2-17 所示。

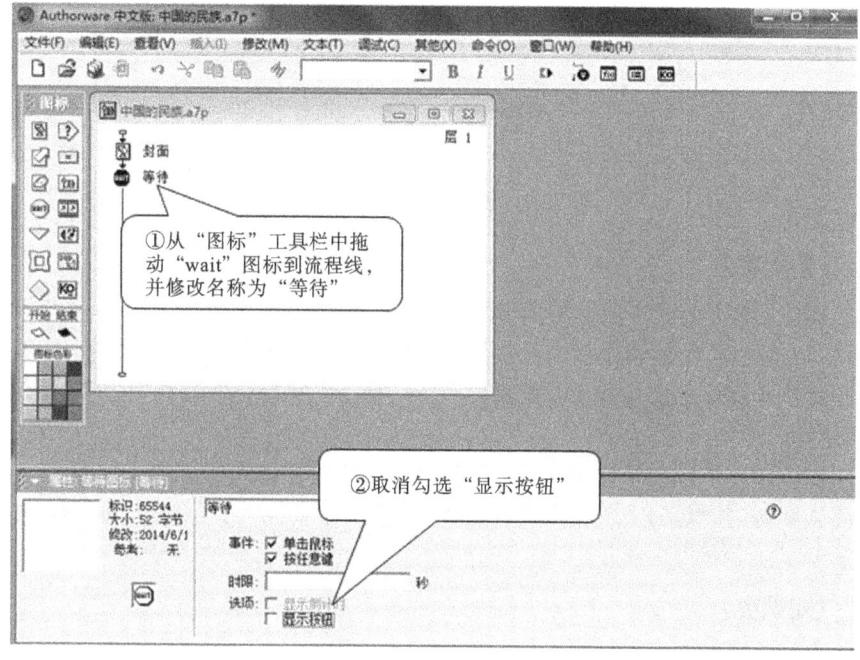

图 2-17　添加等待图标

【知识窗】

用户在流程线上添加等待图标后要注意图标的属性设置。该图标的作用是暂停程序的运行,直到用户按任意键或单击鼠标时,或在一段时间的等待后,程序再继续运行。

5. 添加课程内容

步骤 15：接上一步操作,添加显示图标并修改名称,操作如图 2-18 所示。

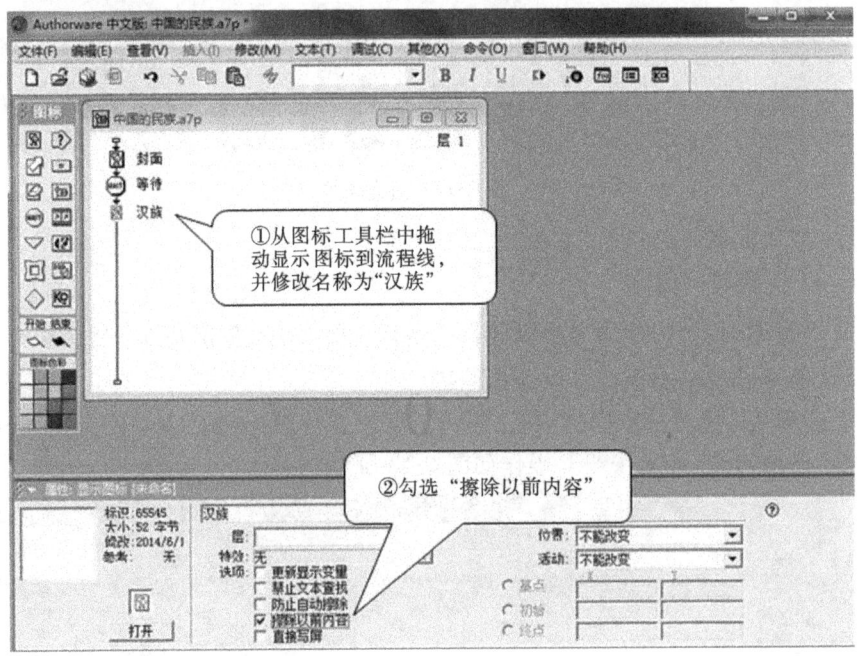

图 2-18　添加显示图标并修改名称

【知识窗】

选中"擦除以前内容"后,在演示过程中可将上一显示图标"封面"中的内容擦除,但上一显示图标的属性不能设置"防止自动擦除"选项。

步骤 16：接上一步操作,在显示图标"汉族"中导入"汉族"图片,操作如图 2-19 所示。

步骤 17：复制和粘贴图标。用鼠标拖出一个虚框选择流程线上的等待图标和汉族图标,按"Ctrl＋C"键复制图标,按"Ctrl＋V"键粘贴图标,操作如图 2-20 所示。

【知识窗】

在 Authorware 课件制作中可以将一个图标设置好后,再通过复制、粘贴的方法得到更多的一些内容相似、属性设置相同的图标,这会大大提高课件的制作效率。

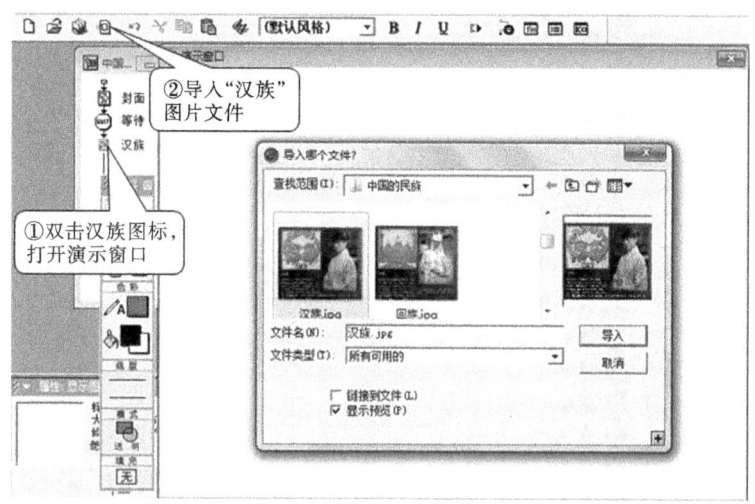

图 2-19 导入图片

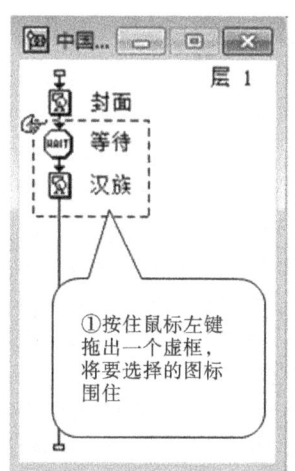

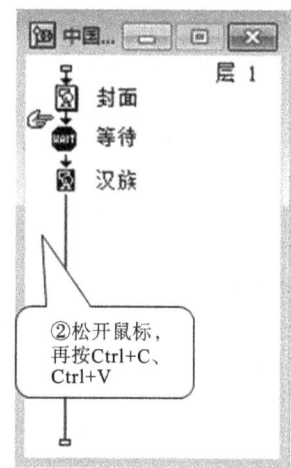

图 2-20 复制、粘贴图标

步骤 18：接上一步操作，粘贴 8 次图标，然后依次修改图标名称为"藏族""壮族""满族""回族""苗族""瑶族""蒙古族"和"维吾尔族"，完成后效果如图 2-21 所示。

步骤 19：接上一步操作，双击显示图标"藏族"等，删除原来的图片，导入对应图片，并调整好图片的大小和位置。按照图标名称依次替换为素材库中对应的图片。

6. 课件打包输出

步骤 20：接上一步操作，单击常用工具栏上的"运行"按钮，预览课件效果。点击菜单栏中的"文件"→"发布"→"发布设置"，按照图 2-22、图 2-23 所示依次操作。

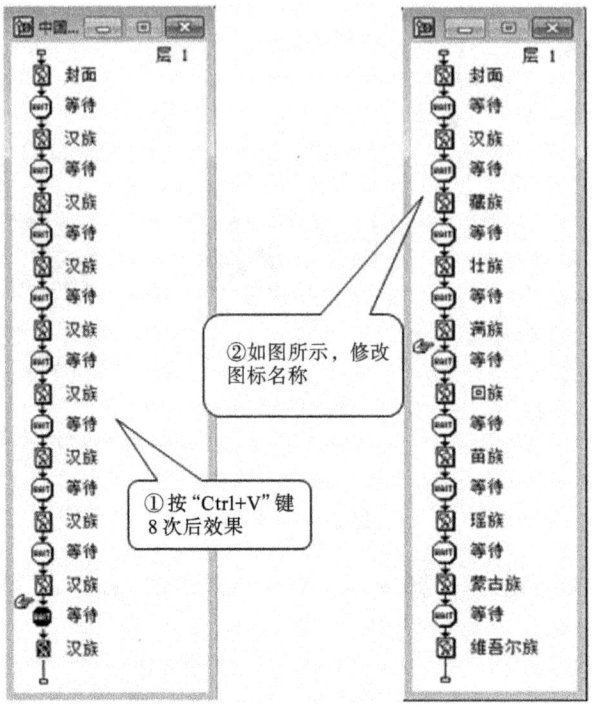

图 2-21　完成后效果图

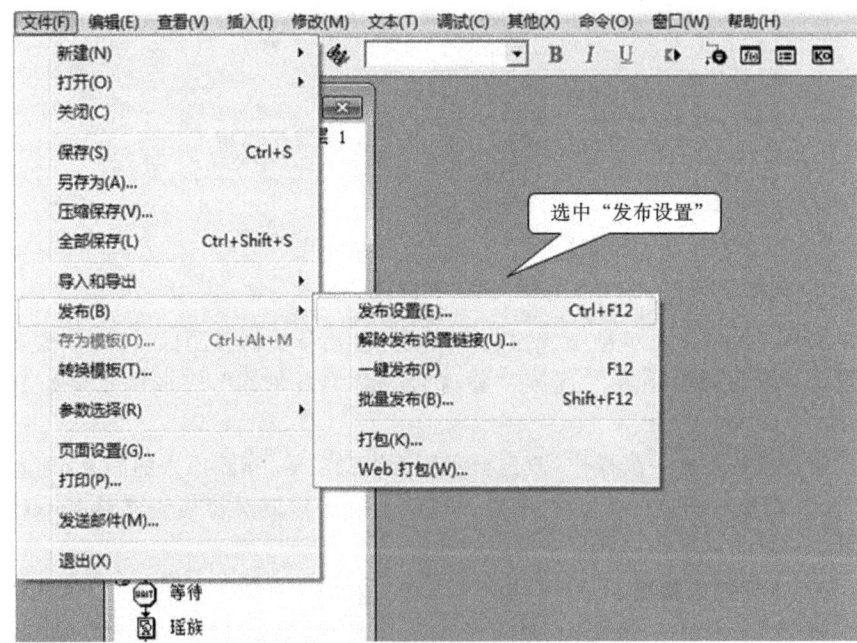

图 2-22　选中"发布设置"

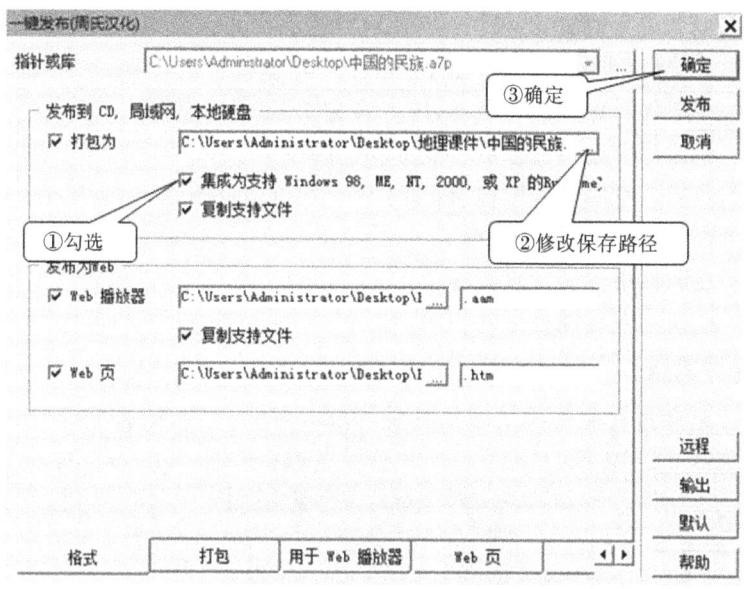

图 2-23　发布设置界面

【知识窗】

（1）Authorware 所制作的源程序文件，必须在安装有 Authorware 的计算机上运行，要使课件能在任意一台安装有 Windows 操作系统的计算机上运行，必须将其打包发布成 .exe 格式文件。

（2）Authorware 课件所使用的素材有外部文件和内部文件之分。作为内部文件的素材导入课件后，素材与课件文件成为一个整体，并被打包在可执行文件中（.exe 格式文件）。外部文件与课件文件是一种链接关系，课件运行时通过这种链接关系可调用外部文件，所以，作为外部文件的素材文件必须与打包后生成的可执行文件放在一个文件夹中，这样课件才能正常运行。视频、声音、动画一般作为外部文件，图像文件一般作为内部文件。

（3）运行可执行文件时，有时会出现错误提示，这时只要将提示中的文件从安装目录下复制到课件文件下就可以解决问题。

第三节　"冷锋及其天气"课件制作示例

"冷锋及其天气"课件是根据人民教育出版社出版的《高中地理必修一》第二章第三节的一小部分教学内容制作的，此课件有利于师生互动，方便学生更直观形象地去感知冷锋及其天气现象。

通过本例的制作和学习，学生将了解到如下内容及操作方法：

（1）给显示图标赋予 Movable：=0 的变量，从而使该显示图标的内容在课

件中运行时不能被移动；

　　（2）在课件中导入 GIF 动画，练习 GIF 动画属性的设置；

　　（3）在课件中导入声音文件，练习声音图标属性的设置；

　　（4）在课件中添加交互图标及其属性的设置；

　　（5）使用素材库中的图像，设置个性化的自定义按钮；

　　（6）按钮大小、位置的调整；

　　（7）在课件中使用计算图标；

　　（8）按钮响应在课件中的使用。

【制作思路】

　　主要是通过在流程线上添加各种图标并导入内容，组合成课件。课件的部分效果如图 2-24 所示。

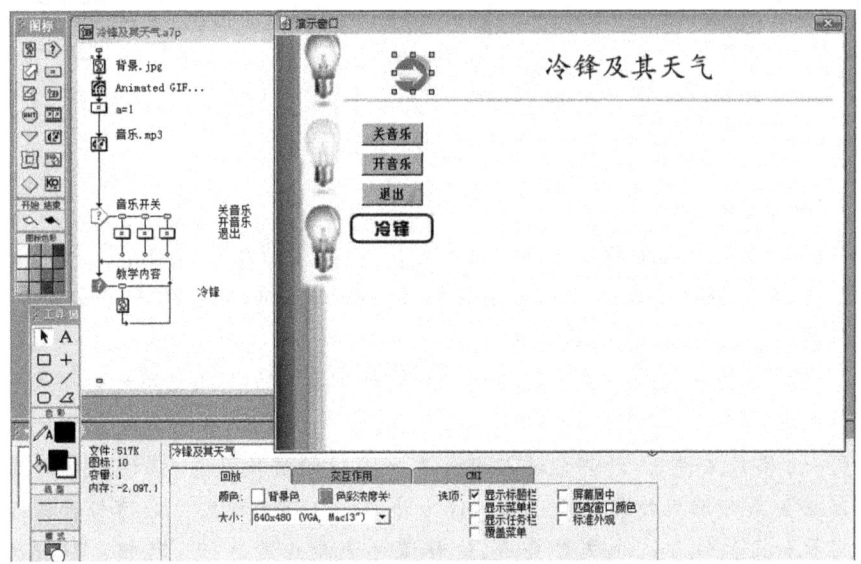

图 2-24　课件的部分效果图

【制作步骤】

1. GIF 动画的导入

　　课件封面由背景音乐、背景图片、GIF 动画及一组按钮组成，GIF 动画是课件中常用的素材，用于制作课件封面，可以使封面生动而富有吸引力。

　　步骤 1：启动 Authorware 软件，新建一个文件，将其以"冷锋及其天气"命名保存，导入"背景"图片，操作如图 2-25 所示。

　　步骤 2：接上一步操作，右击背景图标，选中"计算"，将变量 Movable：＝0 赋予背景图标（注：课件运行时该图标内容不能被鼠标移动，被赋予运算功能的图标左上角有"＝"标志），操作如图 2-26 所示。

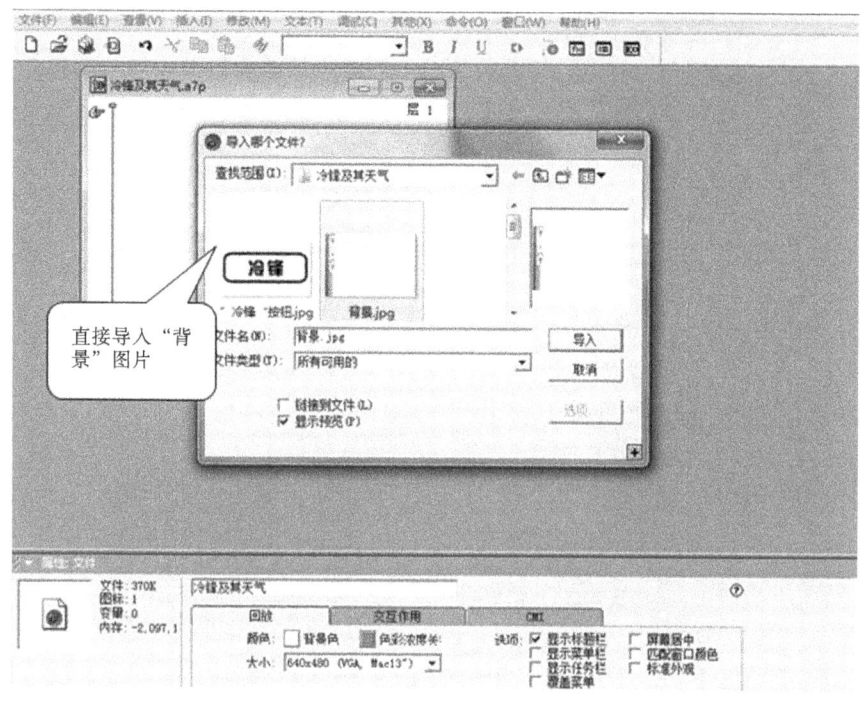

图 2-25　导入背景图片

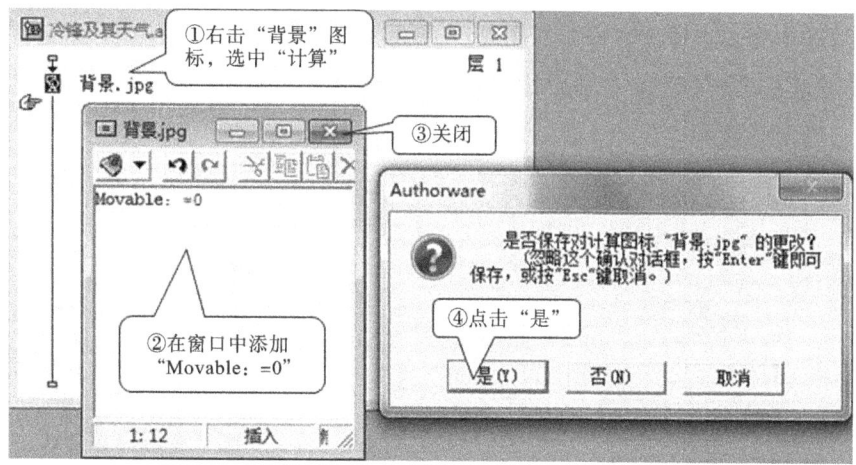

图 2-26　添加命令

步骤 3：接上一步操作，添加标题文字到背景图标，设置文本属性，操作如图
2-27所示。

步骤 4：接上一步操作，将素材中的"GIF 动画"文件插入流程线，插入后，流
程线上添加一个 Animated GIF 图标（注：取消窗口中的 Media 的 Linked 选项，
则此时的 Link File 将变为 Import，所导入的 GIF 动画为内置，打包时不需另外

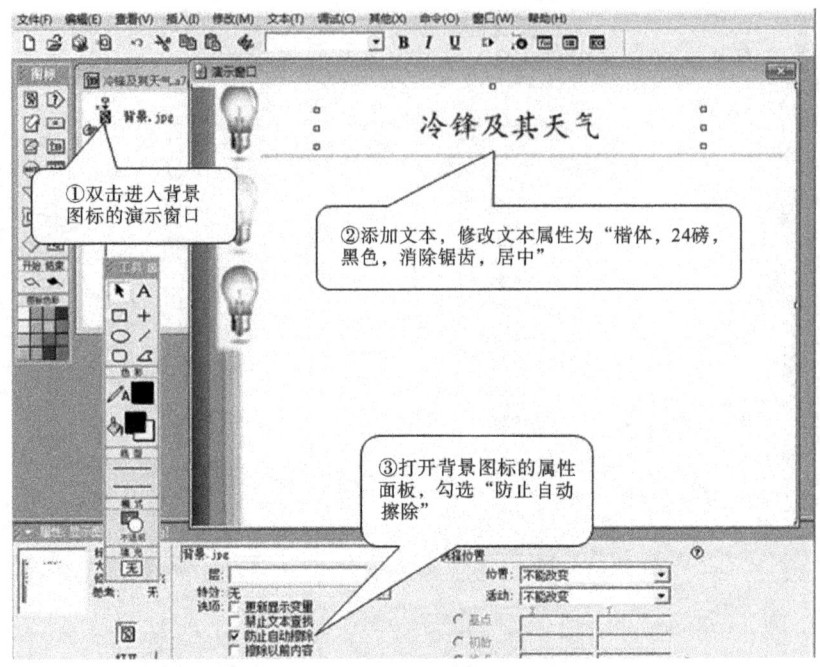

图 2-27 添加文本并修改属性

保存动画；若保留 linked 选项，最终需将动画文件与课件一起打包，否则更换机器后动画将无法播放），操作如图 2-28 所示。

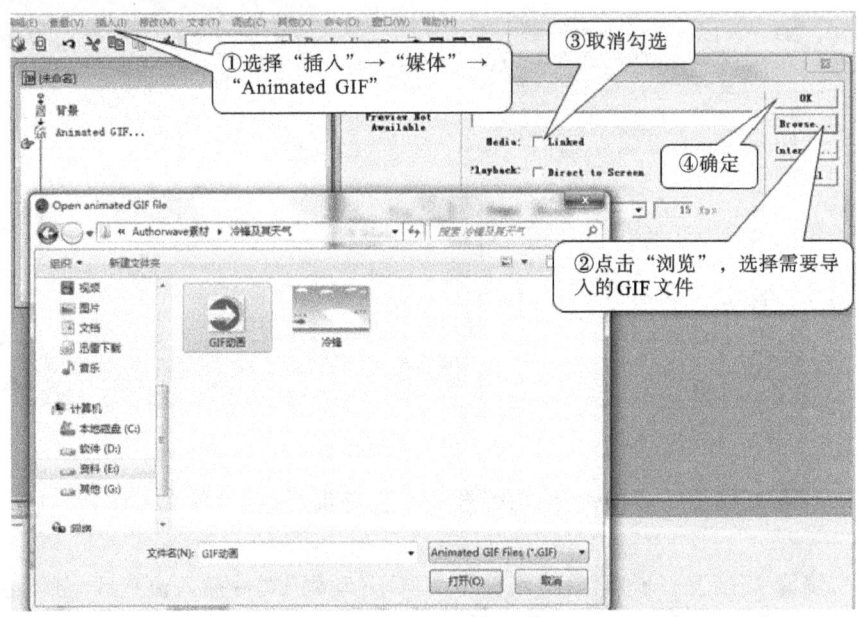

图 2-28 插入 GIF 动画

步骤 5：接上一步操作，设置 Animated GIF 图标属性，使课件运行 GIF 动画的背景透明并有过渡的动画效果，操作如图 2-29 所示。

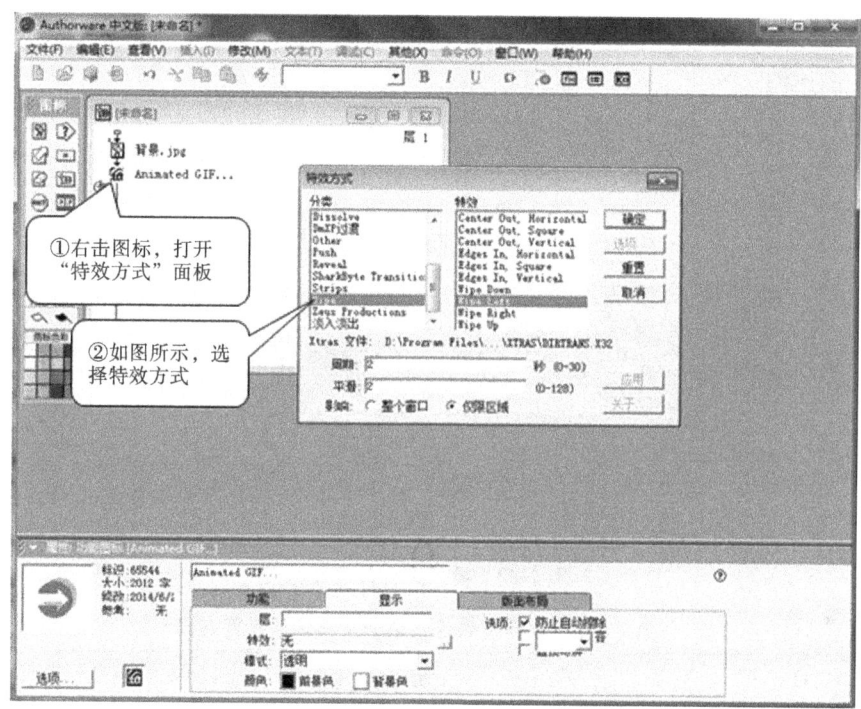

图 2-29　修改图标属性

2. 导入背景音乐

声音是课件中经常使用到的元素，Authorware 课件中的声音可以通过声音图标将其导入流程线，也可以像导入图像文件一样直接从素材库中将其导入流程线，导入后，流程线将自动增加一个声音图标。在本课件中将导入声音文件作为背景音乐。

步骤 6：接上一步操作，导入声音，设置其属性，操作如图 2-30 所示。（注：在"开始"一栏输入 a＝1 后，当变量 a＝1 时开始播放音乐。在"播放"下面的框中输入 a＝0，当变量 a＝0 时，音乐停止播放。）

声音图标属性面板的常用选项及其含义如表 2-3 所示。

3. 计算图标的添加

在 Authorware 中运行计算图标可对变量和函数进行赋值及运算，灵活地运用可以实现较复杂的功能。本例使用计算图标实现背景音乐的播放控制。

步骤 7：接上一步操作，添加计算图标并输入表达式，操作如图 2-31 所示。

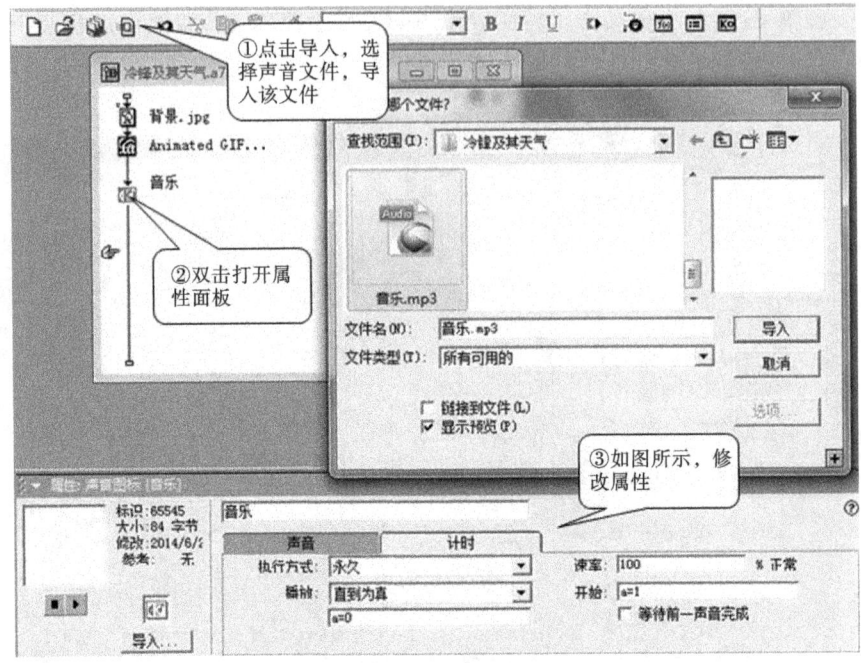

图 2-30　导入声音并设置属性

表 2-3　声音图标属性面板的常用选项及其含义

项目	选项及其含义
执行方式	等待直到完成:将声音文件播完后,才继续执行主流程线上的下一个图标; 同时:同时执行本声音图标和下一个设计图标; 永久:声音图标永久处于被激活的状态,同时监视用户在播放输入框输入的变量。当变量值满足"开始"一栏的要求时,开始播放声音
播放	播放次数:选择该选项后,在下面的输入框中可输入你希望的次数。在输入框中也可以输入变量或表达式来代表播放的次数; 直到为真:选择该选项后,要在前面的"并发"选项中选择"永久"选项,然后在下面的输入框中输入变量和表达,当表达式为"True(真)"时,Authorware 开始播放声音文件
速率	声音播放速度,100 为正常速度
开始	决定何时播放声音,可以用变量或条件表达式来控制
等待前一 声音完成	选中,一直等到前一声音播放完以后才播放

【知识窗】

"a=1"与"a=0"是控制背景音乐播放与暂停的代码。

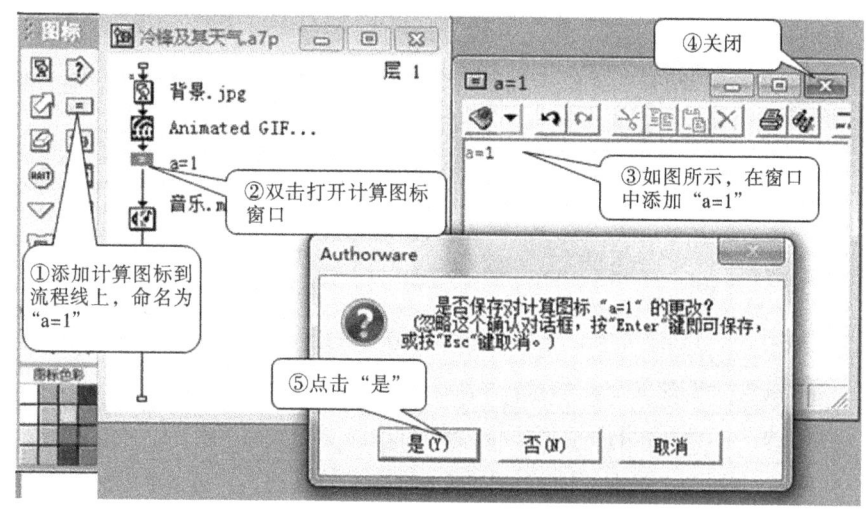

图 2-31　添加计算图标并输入表达式

4. 添加控制课件运行按钮

强大的交互性是 Authorware 软件的特点之一,而按钮是最直观的交互方式。课件运行时,单击按钮,程序就会沿该响应分支的流程线运行。音乐开关按钮、退出按钮都是课件常见的按钮形式。

步骤 8:接上一步操作,在流程线上添加交互图标、计算图标,交互类型设置为"按钮",修改计算图标名称为"关音乐"。操作如图 2-32 所示。

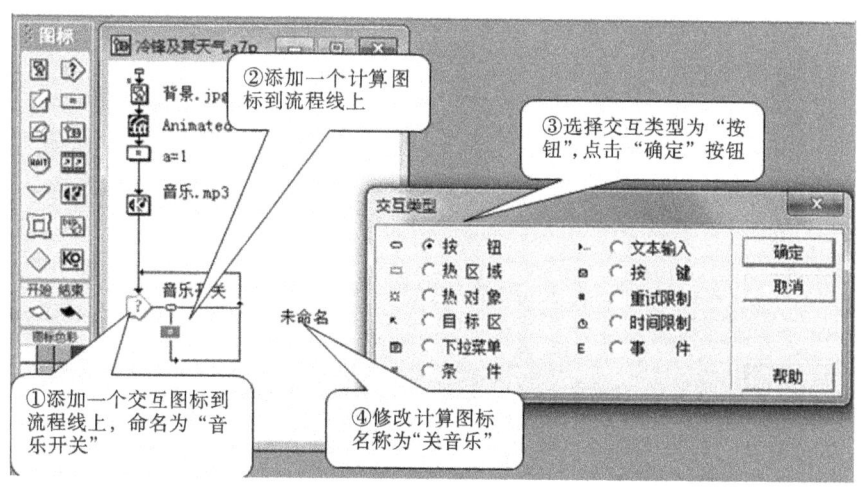

图 2-32　添加图标并设置属性

常见交互响应类型及其说明如表 2-4 所示。

表 2-4　常见交互响应类型及其说明

响应类型	说　　明
按钮响应	用按钮与计算机进行交互。按钮的大小、形状、位置及名称都是根据需要进行设置
热区域响应	可在演示窗口创建一个不可见的矩形区域,通过鼠标在区域内进行交互
热对象响应	与热区域响应不同,该响应的对象是一个实实在在的对象,如图形、图像、文字等
目标区域响应	用来移动对象,当用户把对象移动到目标区域,程序就沿着指定的路线运行
下拉菜单响应	创建下拉菜单,控制课件的运行
条件响应	当指定条件满足时,程序就可以沿着指定的流程线运行
文本输入响应	用来创建一个用户可以输入字符的区域,当用户回车结束输入时,程序就可按规定的流程线运行
按键响应	通过用户敲击键盘的不同按键进行响应,控制课件程序的运行
重试限制响应	限制用户与当前程序交互的尝试次数,当达到规定次数时,就会执行规定的分支
时间限制响应	当用户在特定的时间内未能实现特定的交互时,课件程序该分支继续执行
事件响应	用于对程序流程中使用的 ActiveX 控件的触发事件进行响应

步骤 9:接上一步操作,设置"关音乐"按钮的程序,操作如图 2-33 所示。

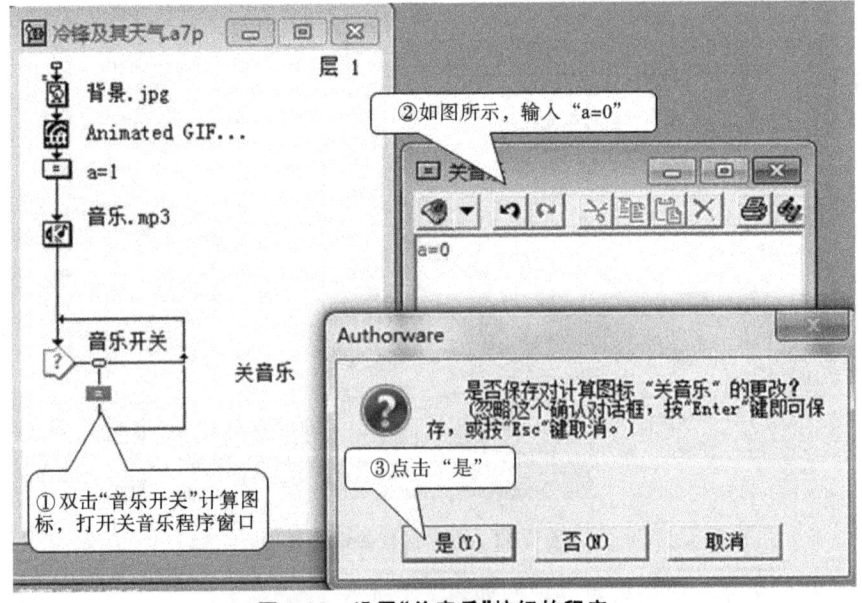

图 2-33　设置"关音乐"按钮的程序

步骤 10：接上一步操作，设置"音乐开关"按钮的属性，操作如图 2-34 所示。

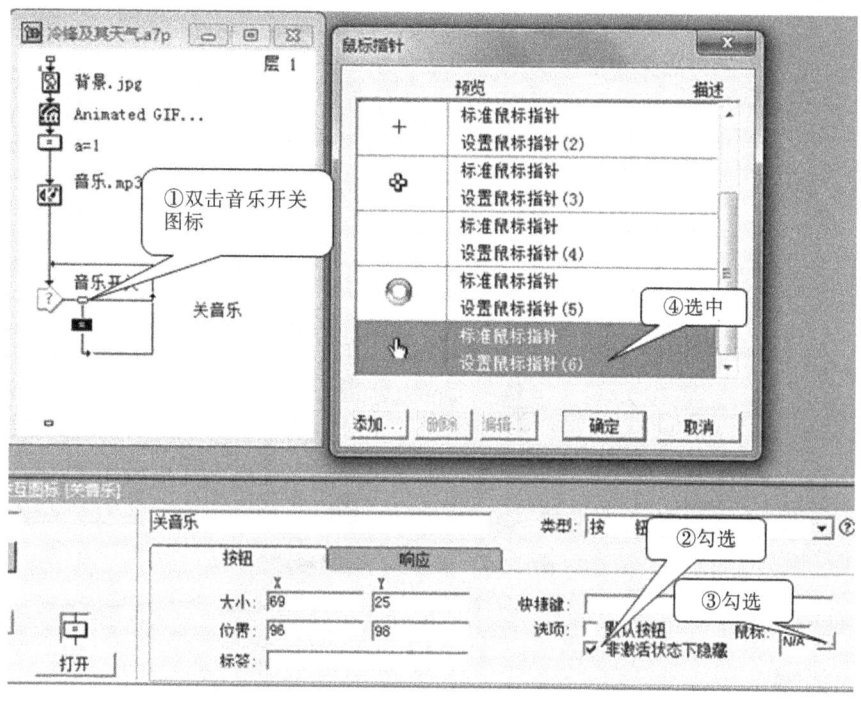

图 2-34　设置"音乐开关"按钮属性

　　步骤 11：接上一步操作，设置"关音乐"按钮的属性，操作如图 2-35 所示。

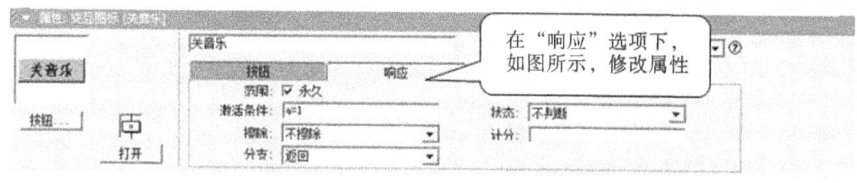

图 2-35　设置"关音乐"按钮属性

　　步骤 12：接上一步操作，添加"开音乐"按钮，设置好按钮属性，操作如图 2-36、图 2-37 所示（注：选择"永久"选项后，按钮始终处于可用状态，除非"活跃如果"选项中另有设置；"活跃如果"选项中输入 a＝1 后，只有当 a＝1 时按钮才处于活动状态，注意"a"后面不能有"："）。

　　步骤 13：接上一步操作，添加"退出"按钮并设置属性，操作如图 2-38、图 2-39 所示。

　　【知识窗】

　　(1) 计算图标编辑窗口。

　　计算图标编辑窗口是用来编辑程序命令的地方，双击流程线上的计算图标，便可以将其打开，窗口左上角显示有计算图标的名称，如"退出"，表示该窗口为

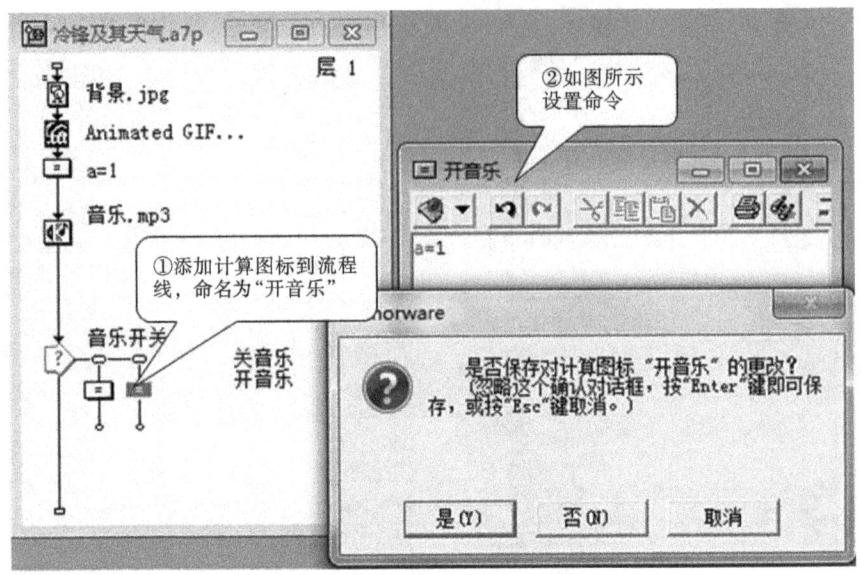

图 2-36　添加"开音乐"按钮

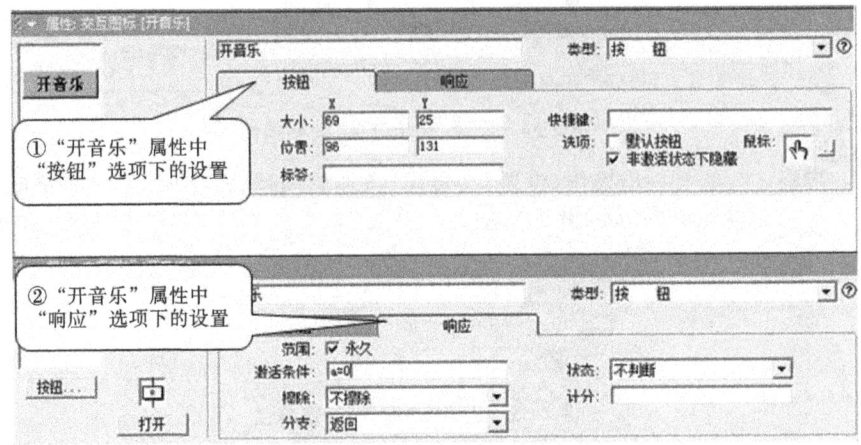

图 2-37　设置"开音乐"按钮属性

"退出"计算图标编辑窗口，程序命令输入完毕后，单击窗口右上角按钮可将其关闭。

（2）a：＝1 的作用是将 1 赋予变量 a，输入命令时，a 后面可以不输入"："号，关闭窗口后，系统会自动将其加上。

（3）"quit（）"为退出程序运行的命令，单击"退出"按钮，执行该命令便可退出课件运行，输入该命令时，要先关闭中文输入法。

（4）交互图标右侧的第一个按钮的属性被设置好后，后面添加的图标属性与前面的相同。如果需要重新设置，先双击上面的按钮响应标志，此时属性面板就

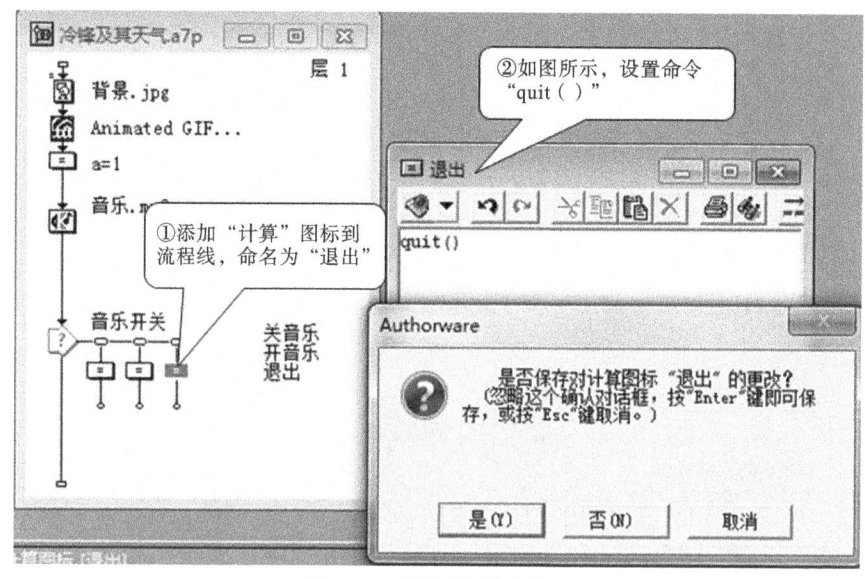

图 2-38　添加"退出"按钮

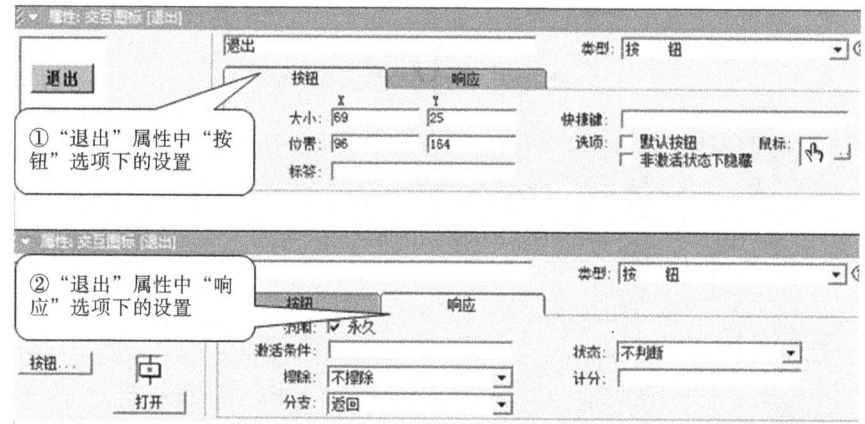

图 2-39　设置"退出"按钮属性

变为按钮属性面板,通过面板设置和修改按钮属性。

5. 导入图像

将 4 个显示图标按一定的顺序添加到交互图标的右侧,添加教学内容,并采用按钮方式进行控制,运行课件时,单击对应的按钮便可以在演示窗口中展示对应的图片。

步骤 14:接上一步操作,添加图标,修改名称,导入内容,操作如图 2-40 所示。

步骤 15:接上一步操作,调整内容幅面的大小与位置,打开冷锋图标的属性面板,勾选"**擦除以前内容**",操作如图 2-41 所示。

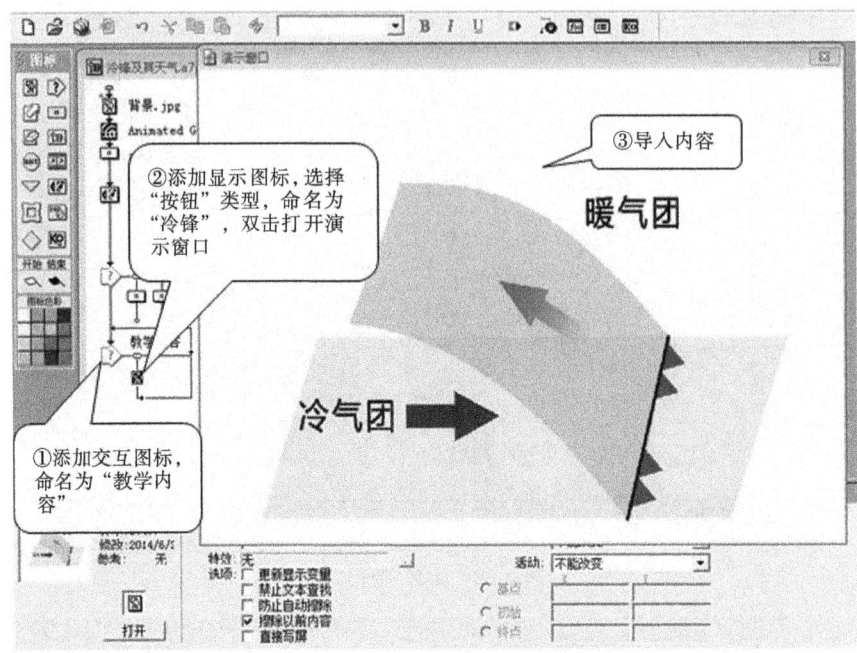

图 2-40　添加图标并添加内容

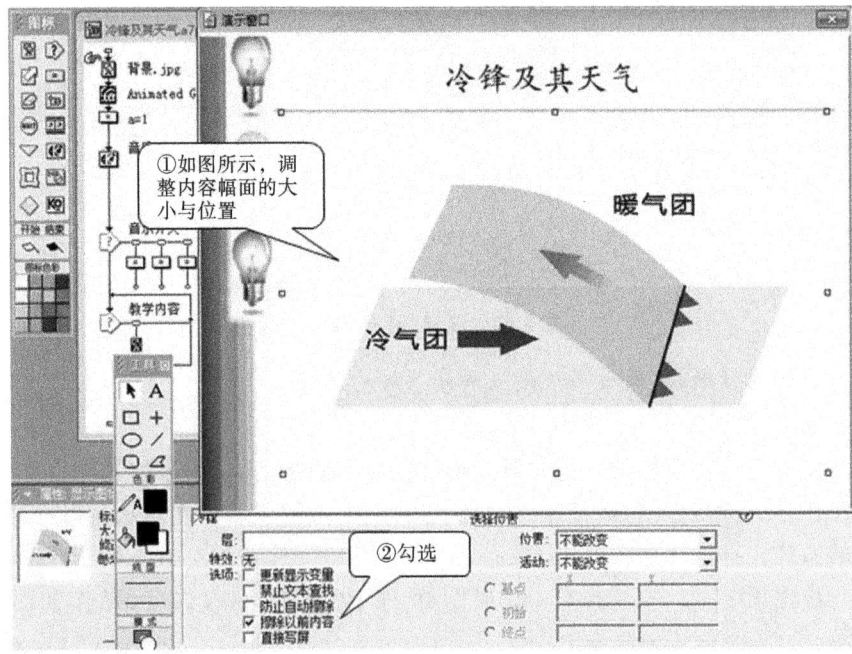

图 2-41　调整内容幅面的大小与位置

【知识窗】

交互图标右侧隐藏图标的显示。

交互图标后面最多能显示5个图标,如果有5个以上,多余的图标将被隐藏起来,右侧出现滚动条,拖动滚动条可以将隐藏的图标显示出来。

6. 自定义按钮的设置

默认状态下的按钮形状、大小与位置往往不能满足要求,为使课件更加美观,制作中一般要根据需要重新调整。

步骤16:接着上一节继续操作,导入自定义的按钮图片,操作如图2-42所示。

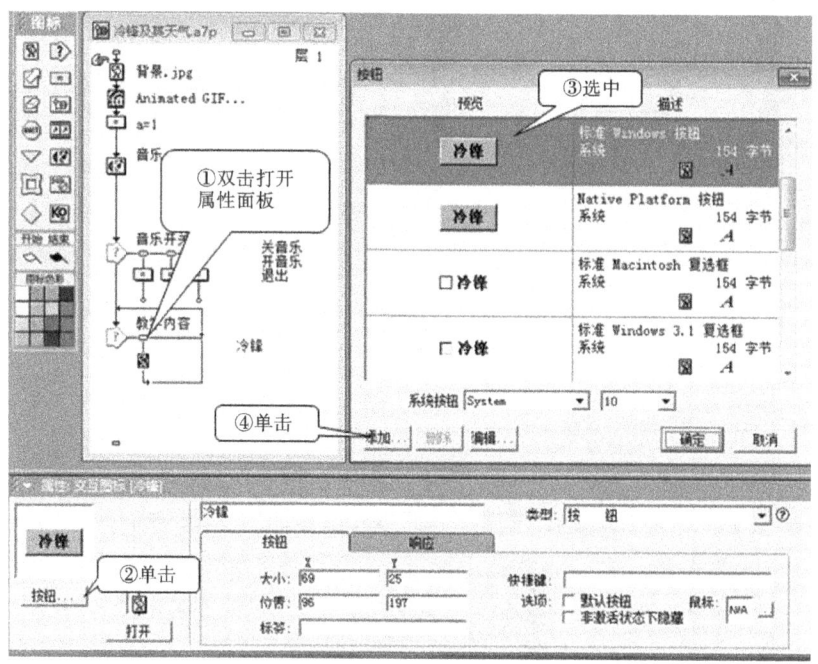

图 2-42　导入自定义按钮图片

步骤17:接上一步操作,更改默认的按钮形状,操作如图2-43所示。

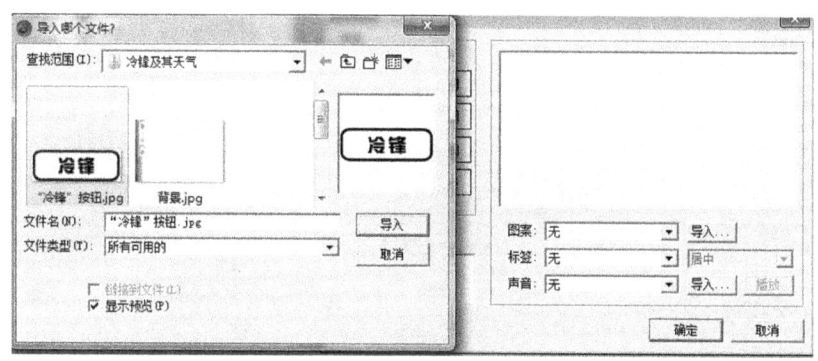

图 2-43　更改按钮形状

步骤 18：接上一步操作，设置鼠标指针，操作如图 2-44 所示。

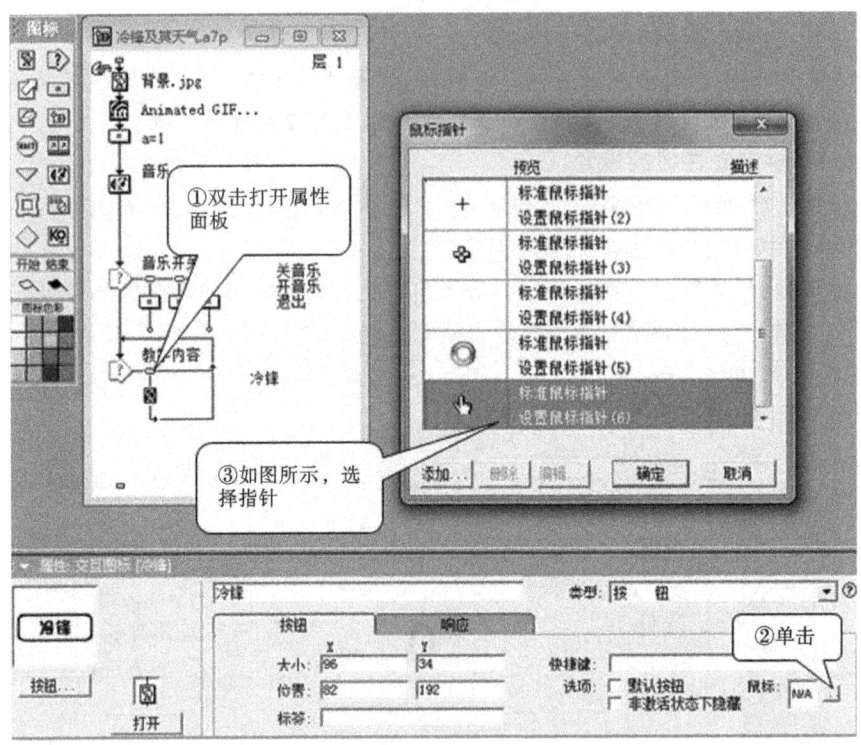

图 2-44　设置鼠标指针

步骤 19：接上一步操作，调整按钮位置，操作如图 2-45 所示。

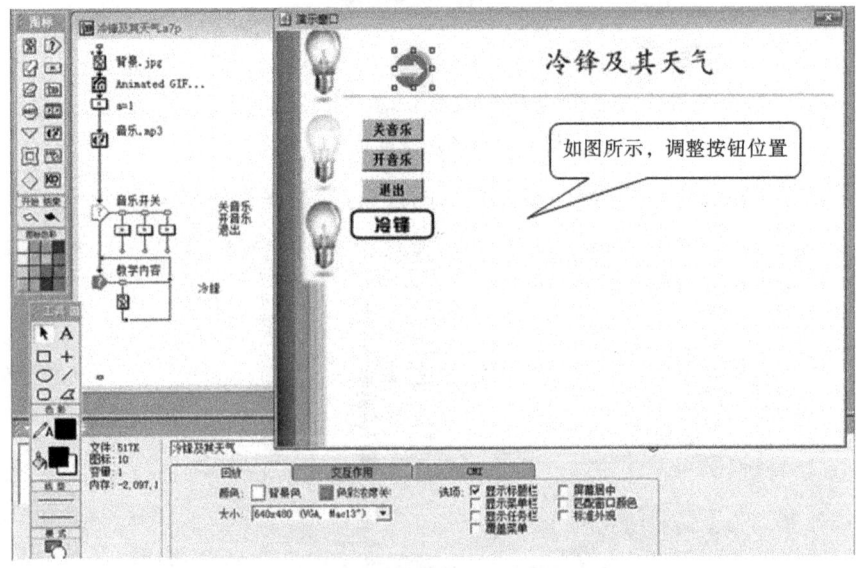

图 2-45　调整按钮位置

步骤 **20**：保存文件，参照实例"中国的民族"将课件打包。

第四节　"首都——北京"课件制作示例

本例是使用超文本链接制作的一个课件。超文本链接是将课件界面上的某些文字与某个框架、某个图标建立关系，当运行课件时，单击这些链接，就会运行相关联的图标的内容。

通过本例的学习，要求掌握以下的 Authorware 课件制作的常用方法与技巧。

（1）认识并会使用框架图标。

（2）学会打开框架图标，修改框架图标的内容。

（3）定义并应用文本样式。

（4）将界面上的文字与相关联的图标建立关系，从而建立超文本链接。

【制作思路】

这个课件制作示例主要是通过运用框架把几个显示图标连接在一起，并应用文本样式与相关的图标建立关系，有利于课件的展示。课件部分效果图如图 2-46 所示。

图 2-46　课件部分效果图

【制作步骤】

1. 制作封面

封面较为简单，由描述性文字以及一张图片组成。

步骤 1：创建文件，以"首都——北京"为文件名保存，并设置文件属性，操作如图 2-47 所示。

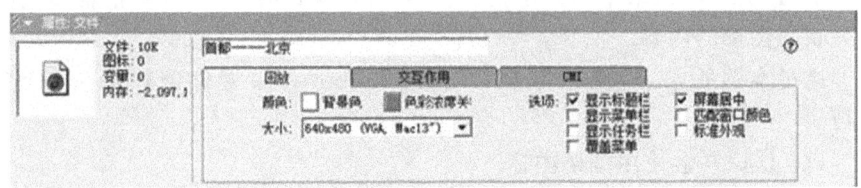

图 2-47 创建文件

步骤 2：接上一步操作，添加显示图标到流程线上，导入图片，添加文本，操作如图 2-48 所示。

图 2-48 添加显示图标

2. 添加并使用框架图标

框架图标是一种非常有用的交互结构，加入流程线的框架图标中包含有设置好的交互响应，如果不需要，可以将其删除。

步骤 3：接上一步操作，在流程线上添加框架图标并修改名称，删除框架图标内的所有图标，操作如图 2-49 所示。

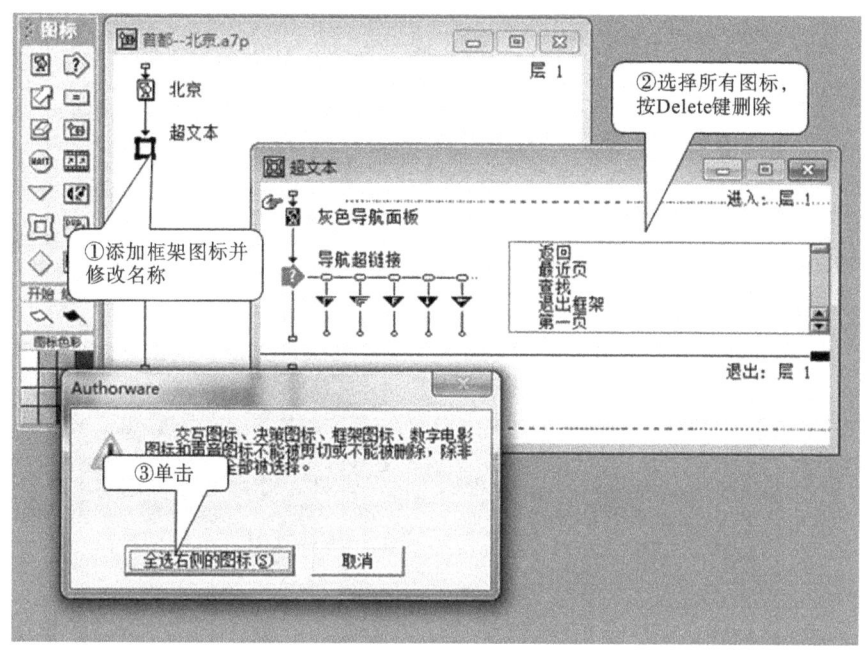

图 2-49 删除内容

步骤 4： 完成上一步操作后如图 2-50 所示。

图 2-50 完成效果图

步骤 5： 接上一步操作，添加显示图标，选择属性"防止自动擦除"，添加文本并修改文本效果，操作如图 2-51 所示。

步骤 6： 接上一步操作，添加"显示"图标并修改名称，操作如图 2-52 所示。

步骤 7： 接上一步操作，设置显示图标"1"的文字内容，操作如图 2-53 所示。

步骤 8： 接上一步操作，设置显示图标"2"的文字内容，操作如图 2-54 所示。

步骤 9： 接上一步操作，设置显示图标"3"的文字内容，操作如图 2-55 所示。

3. 定义文本样式

在 Authorware 中通过设置好一个或几个文本样式（包括字体、字号、文本颜

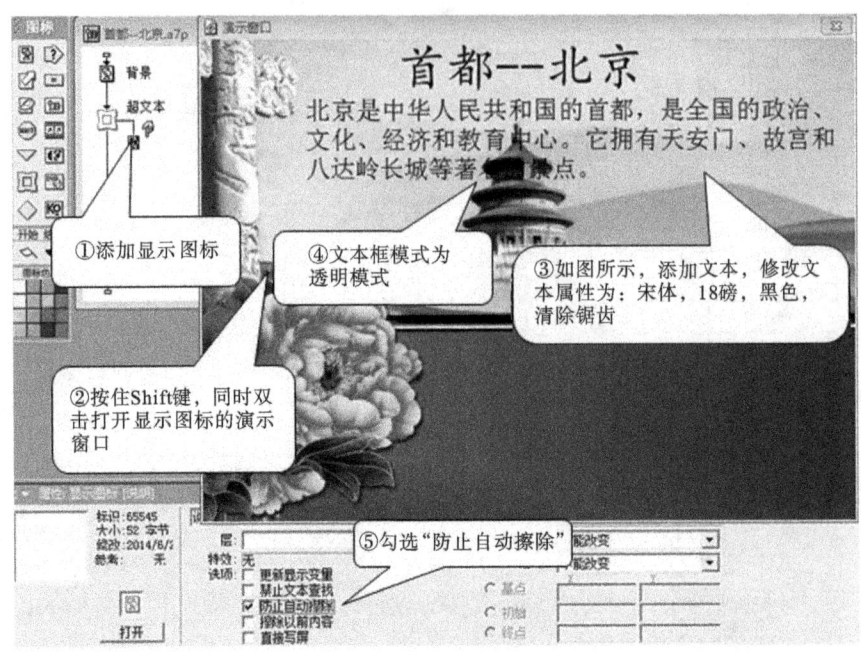

图 2-51　添加显示图标并修改属性

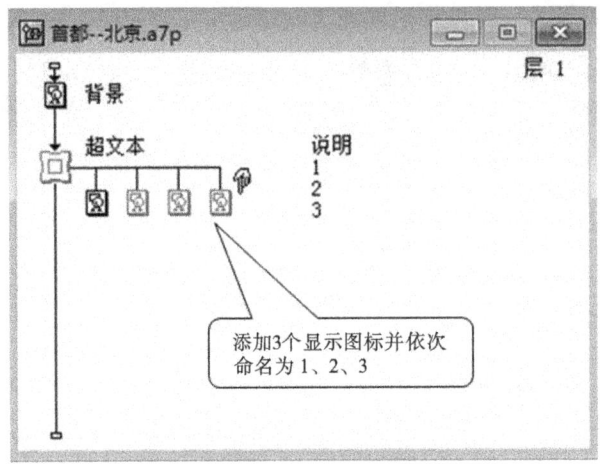

图 2-52　添加显示图标并修改名称

色、鼠标形状等)并保存起来,需要时可以将设置好的样式应用于某些文字。

　　步骤 10:接上一步操作,选择"文本"中的"定义样式"菜单命令,操作如图
2-56 所示。

　　【知识窗】

　　在定义文本样式时,选择"导航到"选项后,便可以给文字建立超级链接。

　　步骤 11:接上一步操作,文本应用样式设置。将步骤 10 定义好的文字样式

图 2-53 设置显示图标"1"的文字内容

图 2-54 设置显示图标"2"的文字内容

图 2-55 设置显示图标"3"的文字内容

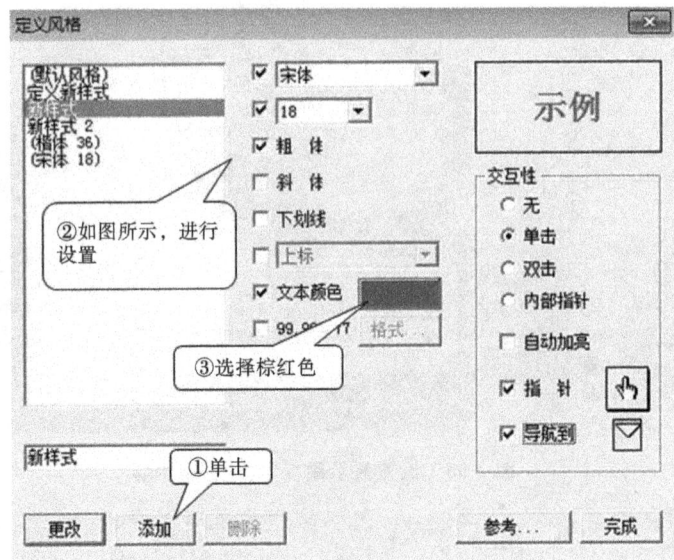

图 2-56　定义文本样式

属性定义给文本使用,同时可以通过超文本链接与框架图标右侧的各个图标形成关联。运行课件时,单击该文本就可以使课件跳转到所链接的图标运行,操作如图 2-57 所示。

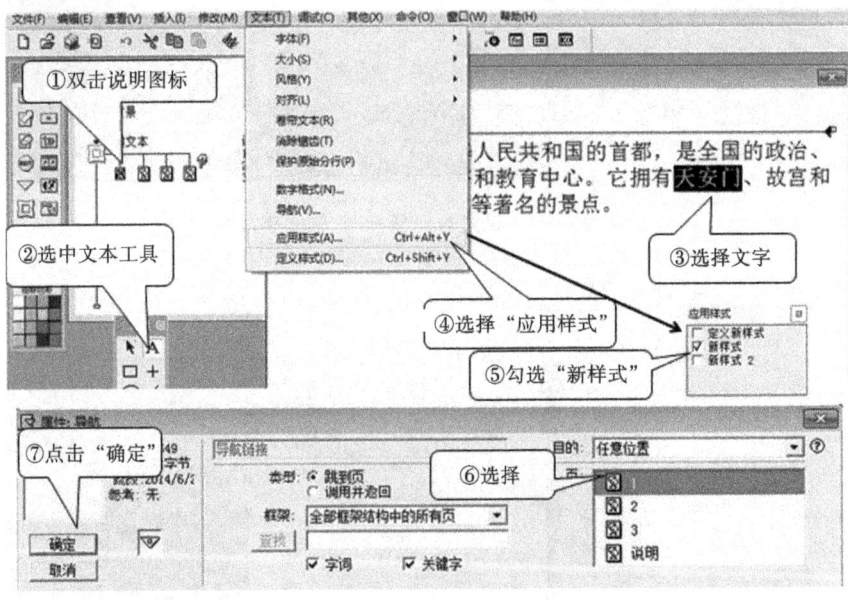

图 2-57　应用文本样式

【知识窗】

在"交互类型"的选择中,热区响应与按钮响应有着相似的作用,只是表现方式上有差异。热区响应是一个不可见区域,区域的大小与位置可以根据需要进行设置,也可以认为热区是看不见的按钮,在热区内单击或把鼠标指针放在区域内,程序就会沿响应分支的流程线运行。

学以致用·章末练习

1. 图标属性中转换模式。

演示窗口中显示的内容可以通过设置显示模式来达到一定的动画效果。选择本例流程线上的"课件背景"显示图标,在属性面板中选择不同的转化模式,再单击"常用"工具栏的"运行"按钮,查看运行显示效果。

2. 单击"常用"工具栏的"运行"按钮,打开演示窗口,再用鼠标拖动演示窗口的背景图像,看看能否被移动,再拖动演示窗口上的动画,看看能否被移动,想想为什么?

3. 选中按钮的两种方式:

（1）双击流程线上的交互图标,打开演示窗口,在演示窗口中便会出现按钮;

（2）单击交互图标上的相应标志,便可选择对应按钮。

4. 用鼠标调整按钮大小。

演示窗口中的某个按钮被选中后,按钮上会出现 8 个控点,用鼠标拖动控点,便可调整其大小。

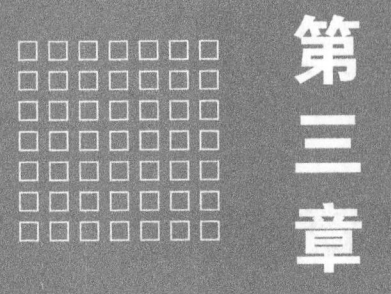

第三章

PowerPoint 课件制作

PowerPoint 通常是指 Microsoft Office PowerPoint,是微软公司设计开发的演示文稿软件。演示文稿中的每一页称为幻灯片,每张幻灯片在演示文稿中既相互独立又相互联系。演示文稿的格式后缀名为.ppt,也可以保存为 pdf 或图片格式。2010 版及以上版本中可保存为视频格式。本书采用 2010 版 Power-Point,格式后缀名为.pptx。本章将结合地理学科的特点,通过具体实例,讲解 PowerPoint 地理课件的制作过程。

第一节 文字的编辑和应用

一、文字的输入

在演示文稿的设计过程中,经常需要在幻灯片中添加文字。为了便于操作,PowerPoint 软件将幻灯片上的文字放置在一个矩形框中,这个矩形框被称为文本框。选中文本框中的文字,可以对文字的字体、字号等格式进行设置。

文字的设置类型包括一般文字的设置和艺术字的设置,二者都要进行以下三个操作步骤:第一步是输入文字;第二步是设置文字格式;第三步是给文字添加效果。

在幻灯片中添加文字有 3 种方法:使用文本占位符输入文字;插入文本框输入文字;直接将文字复制粘贴到幻灯片上。下面以具体的例子加以讲解。

1. 一般文字的输入

【实例——地球的运动】

"地球的运动"是高中地理的内容,课件通过文字和图片详细介绍了有关地球运动的知识。课件的第一张幻灯片使用了文本占位符的方法输入标题,第二张幻灯片使用文本框方法输入地球运动的概况,课件运行的效果图如图 3-1、图 3-2 所示。

图 3-1　第一张幻灯片效果图　　　　图 3-2　第二张幻灯片效果图

【制作思路】

运行 PowerPoint 程序后,会出现带有占位符的幻灯片,占位符是有一定格式的文本框,其中还有一些提示性的文字,可以按照这些文字提示进行操作,即单击此文本框,就可在其中输入文字。

【制作步骤】

步骤 1:运行 PowerPoint 程序,添加第一张幻灯片,选择菜单栏中的"设计"命令,单击"效果"命令旁边的下拉倒三角形符号,选择主题"波形",操作如图 3-3 所示。

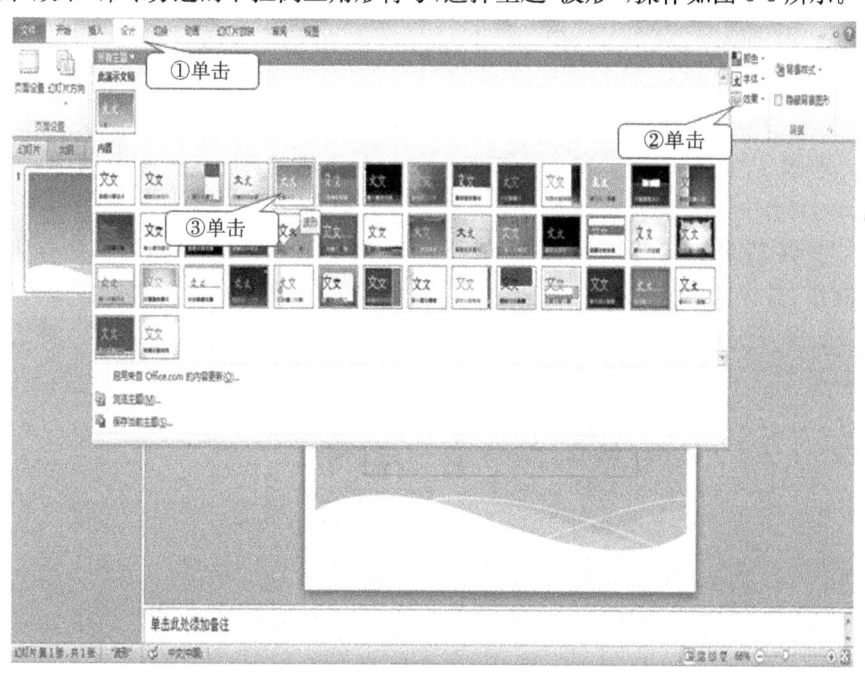

图 3-3　设计幻灯片

步骤 2:选中占位符,并在占位符中输入标题文字"地球的运动",操作如图 3-4、图 3-5 所示。

图 3-4　输入文字前　　　　　　　　　　图 3-5　输入文字后

步骤 3：选中标题文字"地球的运动"，选择菜单栏的"开始"→"字体"命令，在字体工具栏中，设置字体为华文楷体，字号为 54 号，操作如图 3-6 所示。

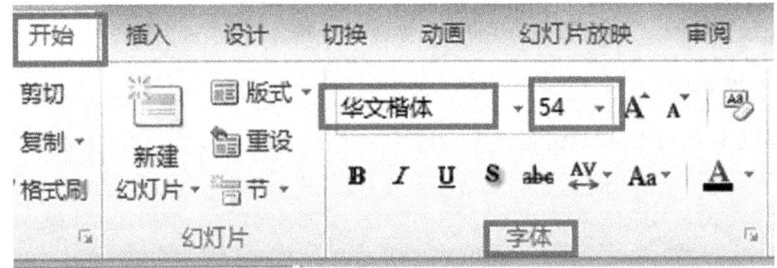

图 3-6　设置字体效果

步骤 4：输入副标题"高中地理第一册"，并设置字体格式为华文楷体，字号为 24 号，操作如图 3-7 所示。

步骤 5：单击文本占位符以外的任何地方，取消其激活状态，即完成该张幻灯片制作，操作如图 3-8 所示。

图 3-7　输入副标题　　　　　　　　　　图 3-8　幻灯片完成效果

步骤 6：选择菜单栏"开始"→"新建幻灯片"→"仅标题"命令，插入第二张幻灯片，操作如图 3-9、图 3-10 所示。

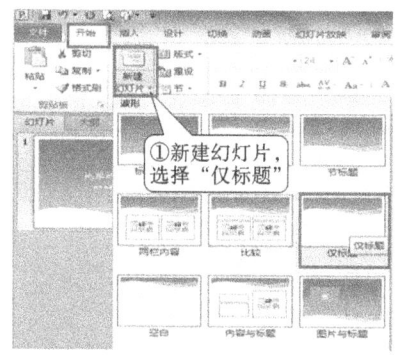

图 3-9　新建幻灯片

图 3-10　添加标题

步骤 7：在标题占位符内输入"地球运动的概况"，设置字体格式为：华文楷体，60 号，加粗，黑色，操作如图 3-11、图 3-12 所示。

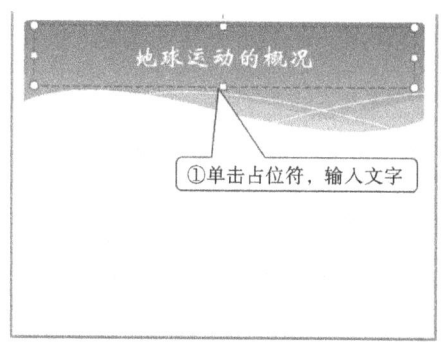

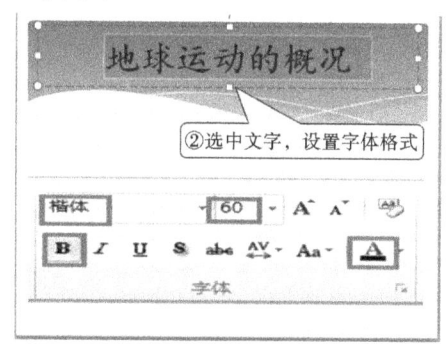

图 3-11　输入文字

图 3-12　标题字体设置

步骤 8：选择"插入"→"文本框"→"横排文本框"菜单命令，插入文本框。在文本框内输入文字内容（见图 3-13），并选中整段文字，设置字体格式为：华文楷体，32 号，黑色。单击鼠标右键，对文字进行段落格式的调整，段落格式设置为：分散对齐，首行缩进 1.5 厘米，段前段后 0.5 磅，1.5 倍行距，如图 3-14 所示，即可完成第二张幻灯片制作。

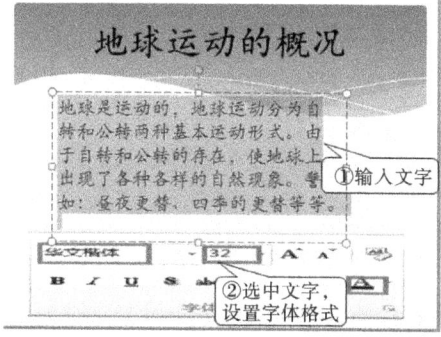

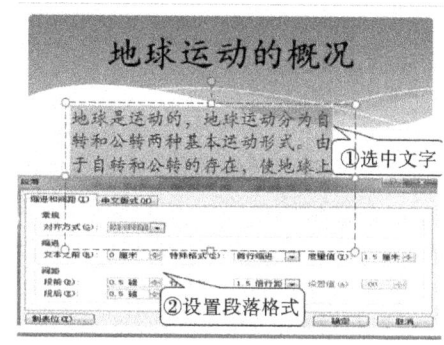

图 3-13　内容字体设置

图 3-14　段落设置

2. 艺术字的输入

【实例——全球气候变暖】

"全球气候变暖"是高中地理第一册的内容,在课件中使用艺术字展示标题,能够起到突出强化教学内容、增加课件可观性的效果,实例成品效果图如图 3-15 所示。

图 3-15 效果图

【制作思路】

先插入艺术字,再通过菜单栏中"格式""艺术字样式"工具对艺术字进行相应的修饰。

【制作步骤】

步骤 1:新建空白幻灯片,选择"图钉"设计主题。

步骤 2:选择菜单栏"插入"→"艺术字"菜单命令,打开"艺术字"库,选中想要的艺术字效果"填充,冰蓝,文本 2,轮廓—背景 2",并在艺术字占位符中输入文字"全球气候变暖",操作如图 3-16 所示。

【知识窗】

1) 在输入文字的时候需要注意以下几点。

(1) 对文字进行筛选,选取重要的内容和重要的知识点进行输入。

(2) 要输入规范的书面语言,避免出现口语。

(3) 文字要精炼,避免长篇大论,没有重点。

2) 如何激活文本占位符。

单击文本占位符内的文字,可以激活文本占位符,便可编辑其中的文字或再输入文字;在幻灯片左上角按住鼠标左键不放拖动至右下角,可同时选中幻灯片

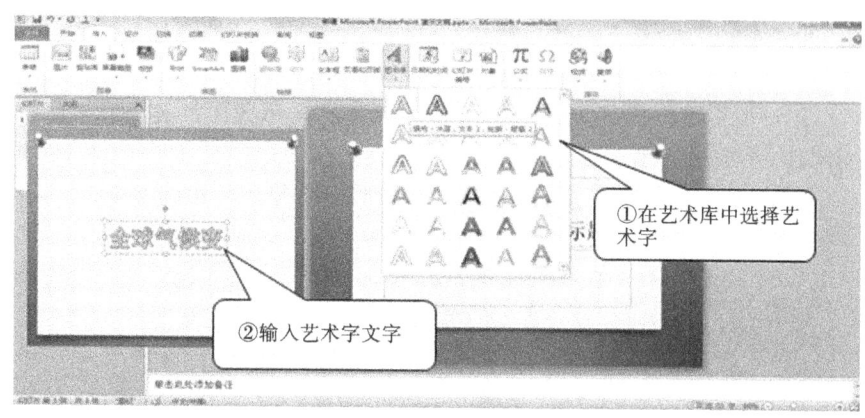

图 3-16　插入艺术字

上的所有占位符。

3）如何删除文本占位符。

单击文本占位符边线,选中文本占位符,再按键盘上的"Delete"键,删除文本占位符。

二、设置文字

文字的设置包括两个方面的内容:一是设置文字的字体、字号和颜色;二是设置文字的布局。

1. 一般文字的字体、字号和颜色设置

以设置"地球运动的概况"这张幻灯片上的文字为例。单击鼠标左键,拖动选中需要修改字体的文字,选择菜单栏"开始"→"字体"命令,进行文字的字体、字号和颜色等格式的设置,或者单击鼠标右键,通过字体快捷工具栏设置格式,就可以完成对文字格式的设置,操作如图 3-17 所示。

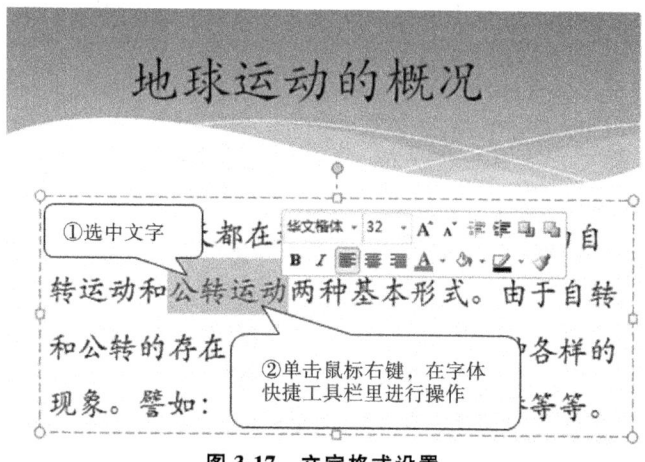

图 3-17　文字格式设置

1) 字体设置的技巧。

(1) 在选用字体时,要醒目、清晰。

(2) 一般以选用宋体、楷体、黑体和隶书为宜。标题用黑体,要加粗显示;正文用宋体,不加粗显示。

(3) 对于关键性的标题、结论等文字内容,不宜使用过多的文字,可采用不同的字体、字号和颜色加以区别。效果如图 3-18、图 3-19 所示。

西亚和北非的石油

1.储量、产量、输出量均居世界第一

2.主要分布地区

西亚—波斯湾沿岸地区

北非—撒哈拉沙漠地区

图 3-18　字体颜色效果对比

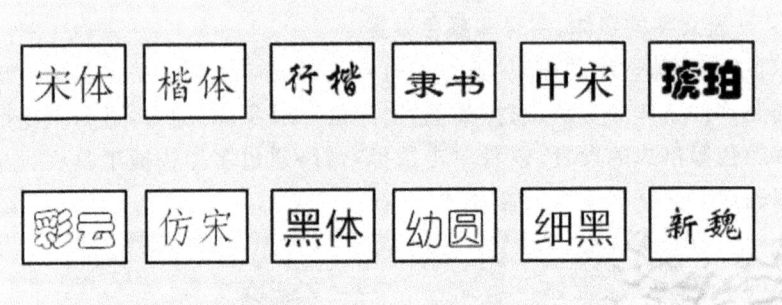

图 3-19　字体类型效果对比

2) 字号设置的技巧。

(1) 标题一般用 40 号或大于 40 号字,正文用 32 号字,一般不要小于 24 号字。

(2) 一行的字数在 20～25 个为好,行数尽量不要超过 7 行,最多也不超过 10 行(过多的文字阅读既容易使人疲劳,又干扰学生的感知)。

(3) 文字颜色与背景颜色要形成强烈反差,才能使文字清晰显示,一般来说,文字应选用暖色调或亮度高的颜色,背景则用冷色调或亮度较低的颜色。

（4）避免在一套幻灯片中出现三种以上的字体,过多的字体会使页面显得凌乱。

不同字号效果如图 3-20 所示,图中左列没有添加"加粗"效果,右列则添加了"加粗"效果。

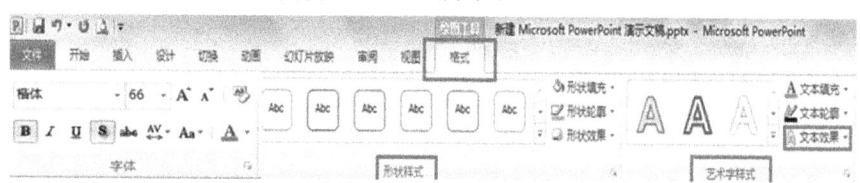

我爱中国 28	我爱中国 28
我爱中国 32	我爱中国 32
我爱中国 36	我爱中国 36
我爱中国 40	我爱中国 40

图 3-20　不同字号效果

2. 艺术字的字体、字号和颜色设置

在输入艺术字之后,需要对艺术字的格式进行设置。

（1）设置艺术字的格式。艺术字的效果可以通过菜单栏"格式"→"形状样式"和"艺术字样式"设置,操作如图 3-21 所示。

图 3-21　艺术字的格式设置

（2）艺术字的字体格式设置与一般文字的字体格式设置方法是一样的,选择"楷体,80 号,浅蓝,加粗,文字阴影"。

（3）设置艺术字填充的颜色和效果。选中艺术字,选择格式工具栏上的"艺术字样式",选择"填充—冰蓝"艺术字样式,如图 3-22 所示,也可以通过选择"文本填充",选择"渐变"等,本实例采用"文本填充"→"渐变"→"深色变体"→"线性对角"→"左上到右下",操作如图 3-23 所示。

（4）在艺术字样式工具栏中,选择"文本效果"→"发光",给艺术字设置"绿色,8pt 发光"发光效果。在"文本效果"中选择"转换"→"下弯弧"效果,选择艺术字形状,操作如图 3-24、图 3-25 所示。

（5）调整艺术字的大小和位置(见图 3-26),效果图如图 3-27 所示。

（6）自主创造,还可以选中艺术字,选择"文本效果"的阴影,打开"阴影效果"列表,设置阴影效果。

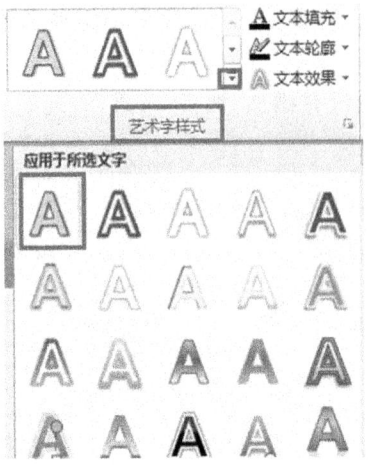

图 3-22　设置艺术字填充方法 1

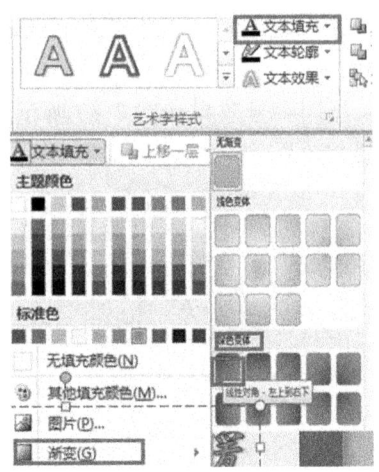

图 3-23　设置艺术字填充方法 2

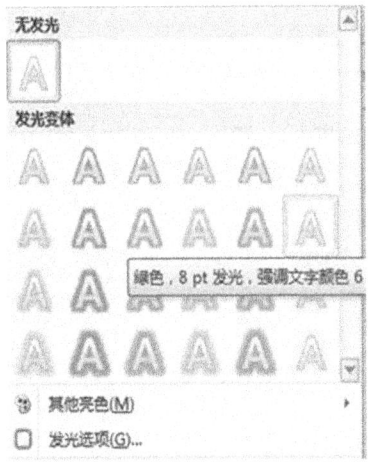

图 3-24　设置文本效果

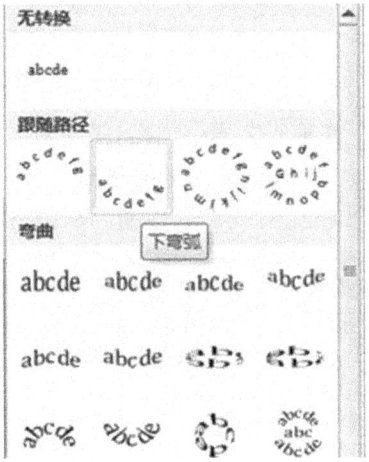

图 3-25　选择艺术字形状

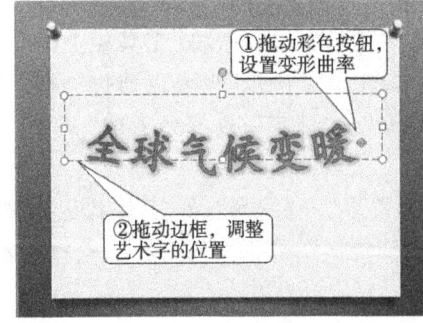

图 3-26　调整艺术字

图 3-27　艺术字效果图

（7）自主创造，还可以选中艺术字，选择"文本效果"的映像，打开"映像效果"列表，设置映像效果。

（8）自主创造，还可以选中艺术字，选择"文本效果"的棱台，打开"棱台效果"列表，设置棱台效果。

（9）自主创造，还可以选中艺术字，选择"文本效果"的三维选择，打开"三维旋转效果"列表，设置三维选择效果。

【知识窗】

1）如何选定艺术字？

单击要选择的艺术字，此时，艺术字周围出现 8 个白色控点和 2 个彩色控点，这表明已经选定了艺术字。通常，刚插入的艺术字处于默认的被选中状态。

2）怎样微调艺术字的位置？

同时按住 Ctrl 键以及键盘上的移动光标键，可以微调艺术字的位置。

3）文字的布局。

（1）标题、副标题、正文的摆放位置。

标题一般放在整个文本的居中位置，副标题一般放在主标题下一行的偏右方，而正文的摆放是左右对齐且段落的首行需要缩进两个字符。

（2）行间距、文本的摆放位置。

文本需要居中摆放，文本行距包括标题与次一级标题之间的行距、标题与正文之间的行距、正文中各行之间的行距等。图 3-28 所示为不同文字布局的对比。

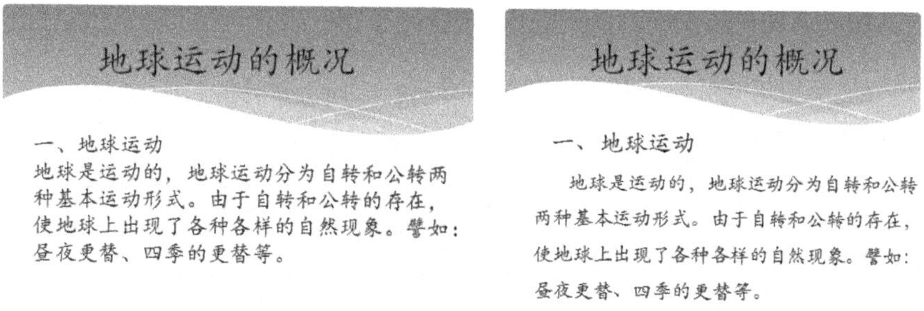

图 3-28　不同文字布局对比图

三、添加动画效果

【制作思路】

利用动画工具，给文本框、图片、图形等进行动画效果设置。

【制作步骤】

（1）单击边框选中要设置进入效果的整个文本框，单击菜单栏的"动画"命令，选择"形状"进入效果，操作如图 3-29 所示。

除此之外，还可以通过点击右侧的下拉三角形，对"进入效果""强调效果"

图 3-29　添加动画效果

"退出效果"和"动作路径"分别进行设置，如图 3-30 所示。本实例只做"进入效果"的操作演示。

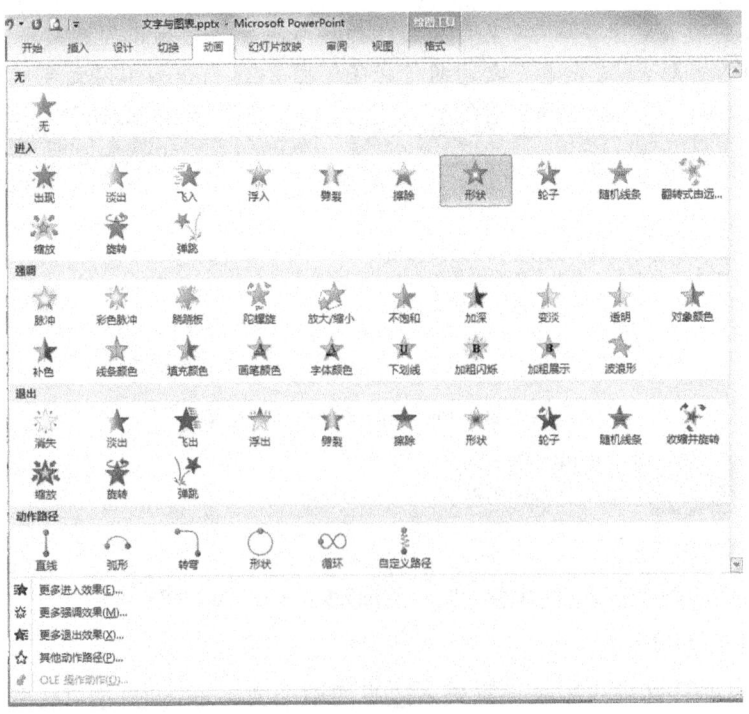

图 3-30　多种动画效果

（2）接上一步操作,设置动画开始时间、方向和速度,设置为"单击时开始,持续时间为02.00",如图3-31所示。还可以选择其他的动画效果,例如"擦除",还可以通过"效果选项"设置动画出现的方向。

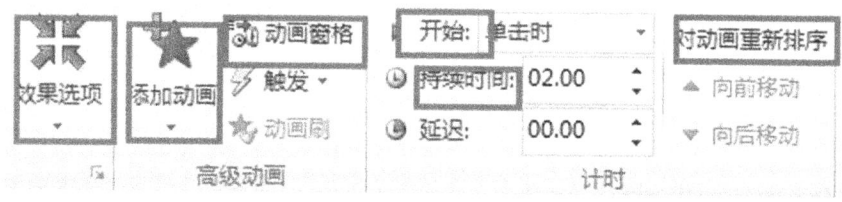

图3-31　设置动画效果

【知识窗】

（1）单击"效果选项",可设置动画出现的方向,单击"单击时"右侧的下拉三角形可以设置动画开始的时间,单击"持续时间"可以设置动画发生的速度,持续时间越长,动画发生速度就越慢。

（2）单击"添加动画",可以对同一个选择对象添加不同的动画。

（3）单击"动画窗格",可以查看各个对象的动画设定情况,方便对动画进行修改。

（4）单击"对动画重新排序"可以调整动画出现的先后顺序。

第二节　图表的制作及应用

在演示型课件中,为了使表达更生动形象,常常要使用到图表来美化课件,使得抽象的教学内容变得直观。

一、图片处理

通过菜单"插入"→"图片"命令,可以在幻灯片中插入剪贴画中的图片,也可以插入来自文件中的图片,还可以插入艺术字、自选图形和组织结构图。其中,自选图形、艺术字和组织结构图的插入可以通过绘图工具栏中的相关按钮实现。

1. 插入图片及裁剪

在课件中插入计算机存储系统存储的图片一般有3种方法:一是通过剪贴画将图片导入幻灯片;二是直接将图片插入幻灯片;三是在幻灯片中插入图片链接。其中最常用的是直接将图片插入幻灯片。

【实例——风能发电】

"风能发电"课件运行效果如图3-32所示,通过对图片进行裁剪,既保留了空间来放置文字,使得学生清楚地知道风能发电的优点和缺点,同时也使得页面生动活跃,能够吸引学生的注意力。

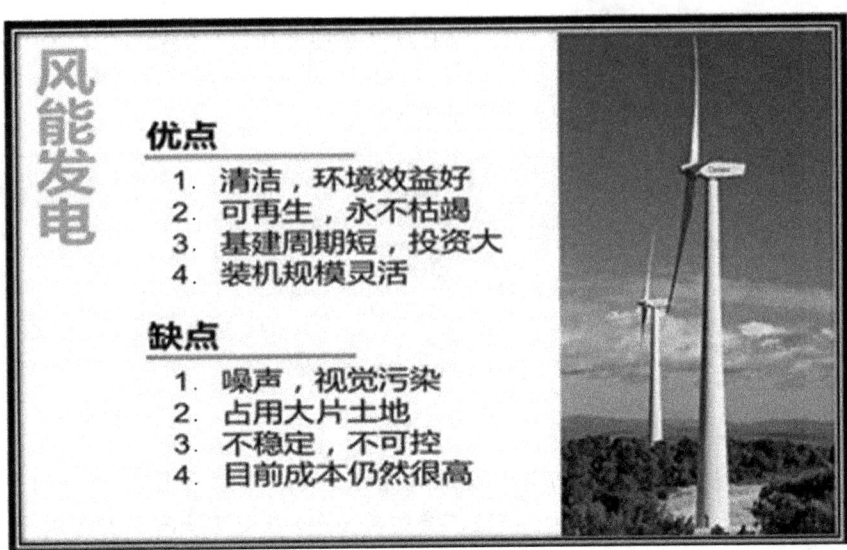

图 3-32　效果图

【制作思路】

插入图片后,利用"裁剪"按钮,剪辑出需要的图片,并调整图片格式。

【制作步骤】

步骤 1: 新建空白幻灯片,选择菜单栏"插入"→"图片"命令,在"插入图片"对话框,按图 3-33 所示操作,在幻灯片中插入"风能发电"图片。

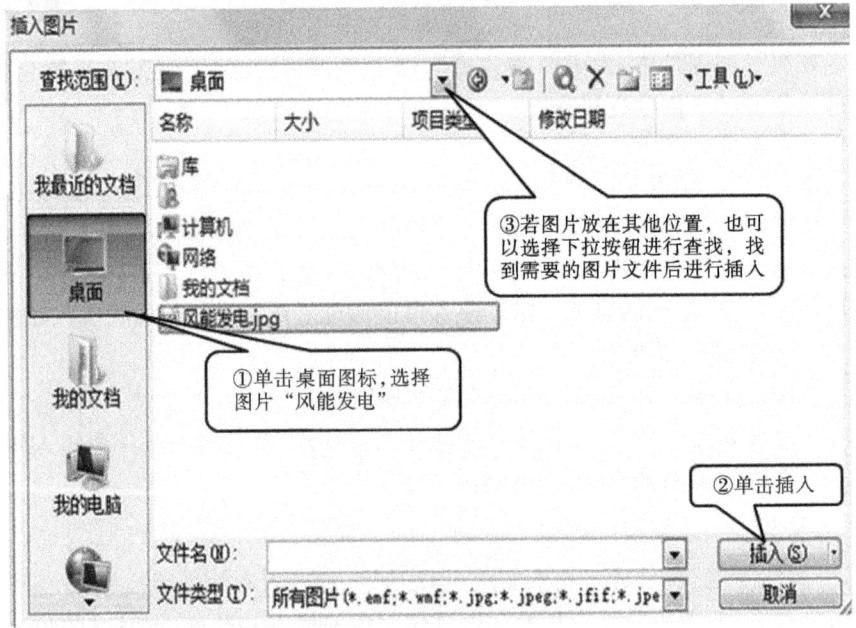

图 3-33　插入图片

步骤2：选中图片，单击鼠标右键，利用图片快捷工具栏上的"裁剪"按钮，裁剪出如图 3-32 的图片效果，裁剪操作如图 3-34 所示。

风能发电

调整控制按钮，按住鼠标左键拖动，进行裁剪，获得想要的图形

图 3-34　调整图片

步骤3：选中图片，单击鼠标右键，选中"设置图片格式"，在"设置图片格式"对话框中选择"图片更正"，可调整图片的对比度和亮度。此外，在"设置图片格式"对话框中还可以对图片进行"图片颜色"和"艺术效果"调整，如图 3-35 所示。

步骤4：选中图片，将鼠标移动至控制点位置；按住左键拖放，可调整图片大小，调整图片大小使其占据幻灯片页面的三分之一；拖动图片，将图片右靠齐幻灯片边缘。

步骤5：在页面左侧输入文字，文字内容如图 3-32 所示。

步骤6：单击菜单栏"开始"→"绘图"→"直线"，在幻灯片上画出想要的直线，选中直线，单击鼠标右键，选择"设置形状格式"，将直线设置为：线条为实线，颜色为浅蓝，线型宽度为 3 磅。将直线分别移动至"优点""缺点"下方，即可完成该幻灯片的制作。

【知识窗】

处理图片时，除了裁剪外，还可以选中图片，单击鼠标右键，利用"设置图片格式"窗口中所提供的处理功能进行图片的处理。例如："图片颜色"可以对图片进行重新着色；"艺术效果"可以对图片进行艺术处理，获得素描、纹理化等效果。

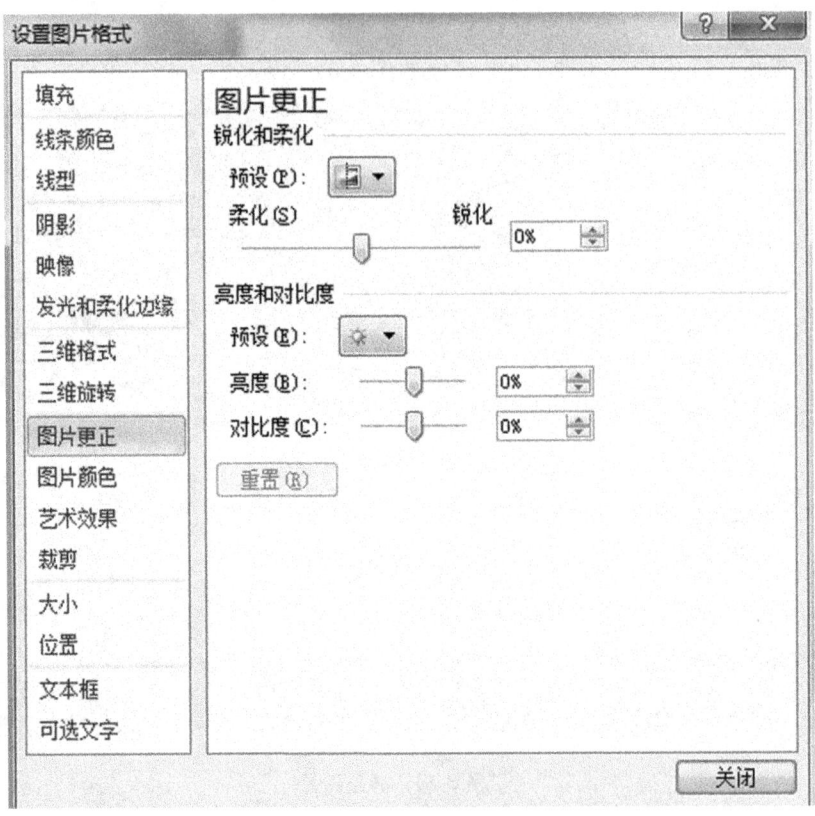

图 3-35　设置图片格式

2. 图形绘制

在地理教学的课件制作中常常使用到图形素材，PowerPoint 提供了多种自选图形、手动绘制图形模板，可以运用它们来绘制课件所需要的图形，以及对所绘图形进行修改、修饰以达到教学所需要的效果。

【实例——经度与纬度】

"经度与纬度"课件主要是以线条、椭圆等图形进行组合来构成地球上的经纬线图的，较之课堂的板画更为准确、美观。其效果图如图 3-36 所示。

【制作思路】

利用绘图工具栏上的"自选图形"按钮，选择需要的图形并进行组合，获得需要的图形效果。

【制作步骤】

步骤 1：新建一张空白幻灯片，并在幻灯片上空白处单击鼠标右键，选择"网格线和参考线"，设置网格线和参考线，操作如图 3-37 所示。

步骤 2：选择"开始"→"绘图"→"形状"→"椭圆"，以网格线和参考线为参照，

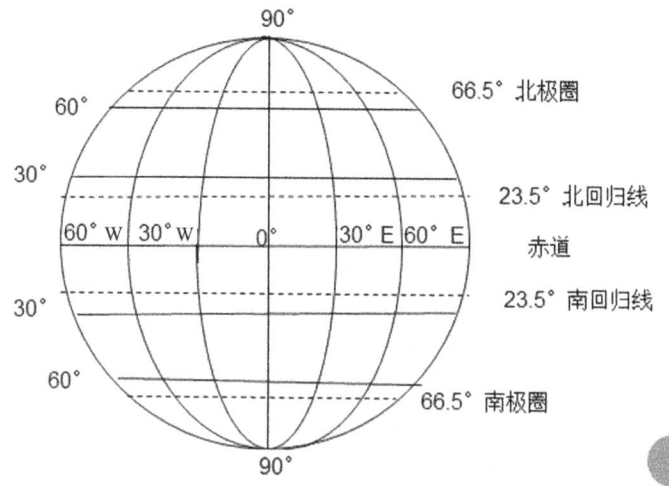

图 3-36 经度与纬度效果图

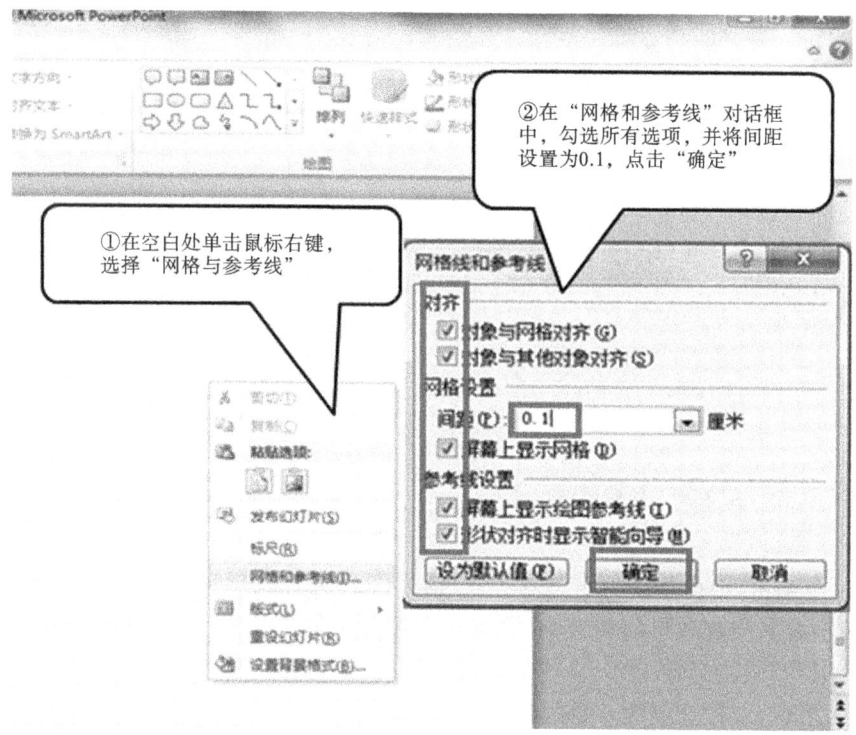

图 3-37 网格线和参考线

按住鼠标左键,在网格上拖动出半径为三个格子的圆。选中圆,单击鼠标右键,选中"设置形状格式"将图形填充颜色换为"深蓝,文字 2,淡色 80%",线条颜色为黑色,线型宽度为 1 磅,如图 3-38、图 3-39 所示。

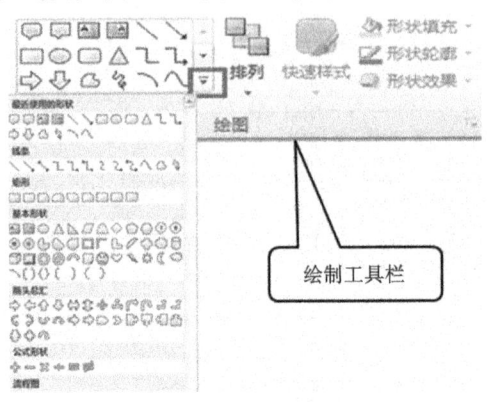

图 3-38   选择形状

步骤 3:选择"绘图"→"形状"→"直线",构建成图 3-40 所示图形,然后将所有直线在"设置形状格式"中都设置为线条颜色黑色,线型宽度为 1 磅。接着选中需要变换为虚线的直线,单击鼠标右键,选择"设置形状格式"→"线型"→"短划线类型"→"短划线",表示出南北回归线以及南北极圈,效果如图 3-40 所示。

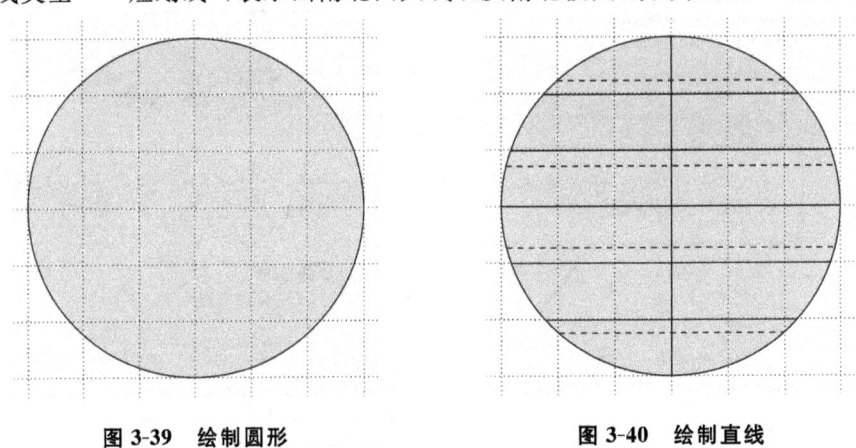

图 3-39   绘制圆形   **图 3-40   绘制直线**

步骤 4:选择"绘图"→"形状"→"弧形",再通过调整黄色的控点以及白色的控点,调整出合适形状和大小的弧线,勾画出一条经线,随后复制这一经线,调整绿色控点使之旋转 180°,获得对称的经线,最终完成图形的绘制。将所有弧线设置为黑色,线型宽度为 1 磅。如图 3-41、图 3-42 所示。

步骤 5:选择"绘图"→"文本框",输入经纬度数和名称,如图 3-43、图 3-44 所示。

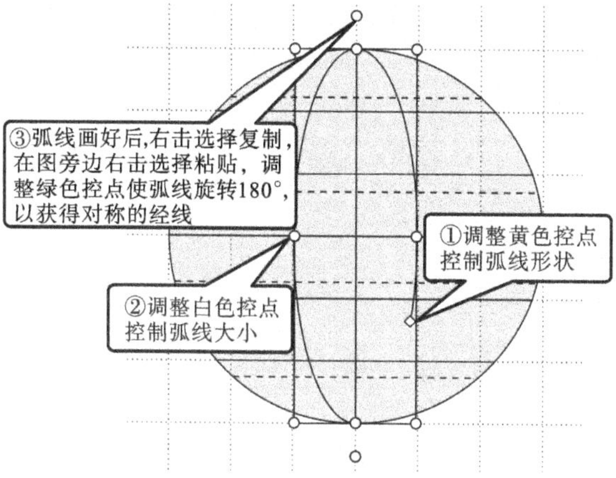

③弧线画好后,右击选择复制,在图旁边右击选择粘贴，调整绿色控点使弧线旋转180°,以获得对称的经线
①调整黄色控点控制弧线形状
②调整白色控点控制弧线大小

图 3-41　绘制弧线

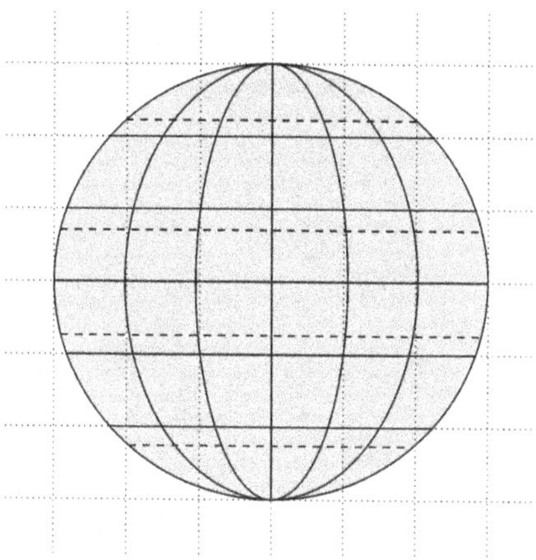

图 3-42　绘制弧形后

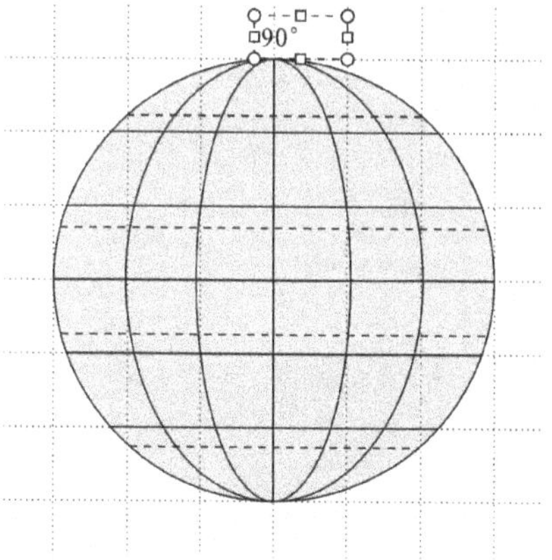

90°

图 3-43　添加文本

90°
66.5° 北极圈
60°
30°
23.5° 北回归线
60° W
30° W
0°
30° E
60° E
赤道
30°
23.5° 南回归线
60°
66.5° 南极圈
90°

图 3-44　添加后效果

步骤 6:单击右键,选"网格线和参考线"进行设置,操作如图 3-45 所示。

网格线和参考线
对齐
对象与网格对齐(G)
对象与其他对象对齐(S)
网格设置
间距(P): 0.1 厘米
屏幕上显示网格(I)
参考线设置
屏幕上显示绘图参考线(I)
形状对齐时显示智能向导(M)
设为默认值(F)
确定
取消
消除选项，点击“确定”

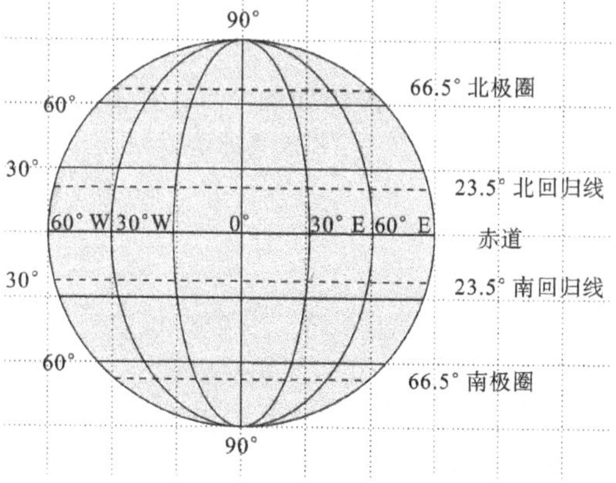

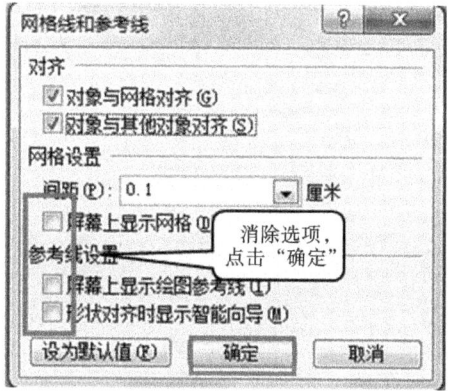

图 3-45　取消选中网格和参考线

步骤7:选中图形,右击弹出快捷菜单,选择"设置形状格式"→"填充"→"无填充",效果如图 3-46 所示。

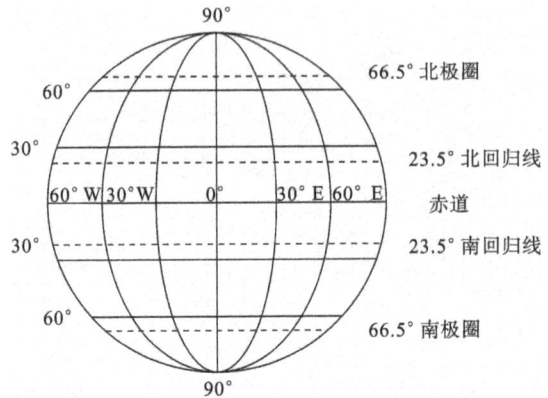

图 3-46 无填充后效果图

步骤8:单击鼠标左键,拖动选取所有图形和文本,单击鼠标右键,将选中的图形进行组合,操作如图 3-47、图 3-48 所示。

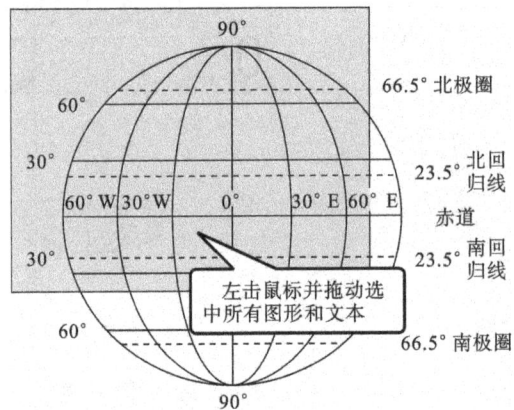

图 3-47 全选图形

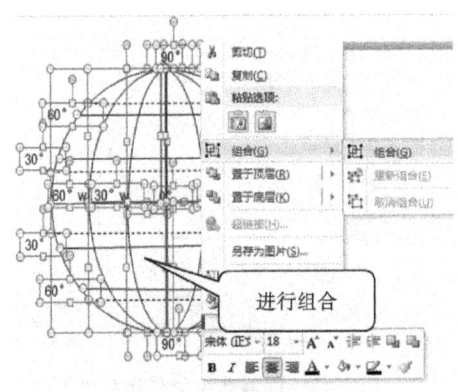

图 3-48 组合图形

步骤9：在菜单栏里选择"设计"，选择"凸显"主题。

步骤10：最后插入"横排文本框"，输入标题"经度与纬度"，格式为"华文楷体，60号，加粗，黑色"，即可完成该幻灯片的制作。

3. 表格制作

若在课件中要系统地归纳知识点、理清知识结构，可以使用图示和表格的形式来展示。使用表格可以将课本的知识经过分类整理后，放入按行、列排放的表格中，达到一目了然的效果。利用图表来表达信息能清晰呈现出结论性的观点。

【实例——四级产业分类表】

以图表的形式，简要说明四大产业的定义与具体例子，有利于学生更好地掌握知识。四级产业分类表成品效果图如图3-49所示。

部门＼内容	定义	例子
第一产业	一切从地球开采资源的行业	采掘业、农业
第二产业	所有进行加工的行业	工业
第三产业	服务于第一、二产业的多种行业的总称	服务业
第四产业	与信息相关的多种行业的总称	信息产业

图 3-49　成品效果图

【制作思路】

利用"绘制表格"按钮，绘制所需的表格，并在表格内添加文字内容。

【制作步骤】

步骤1：新建演示文稿，新建空白幻灯片。接着在菜单栏选择"插入"→"表格"→"绘制表格"命令，绘制出5行3列的表格，操作如图3-50所示。

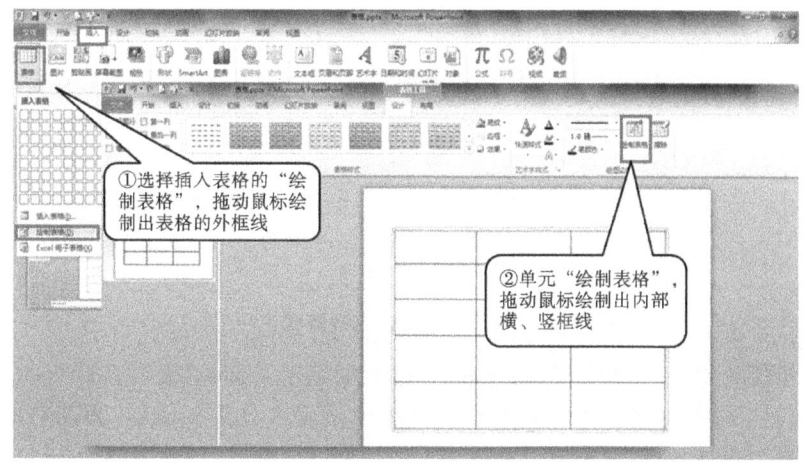

①选择插入表格的"绘制表格"，拖动鼠标绘制出表格的外框线

②单元"绘制表格"，拖动鼠标绘制出内部横、竖框线

图 3-50　绘制表格

步骤2：绘制斜下框线。选中表格的第一行第一列的单元格，选择"绘制表

格"→"边框"→"斜下边框",完成表格的初步制作,操作如图 3-51 所示。

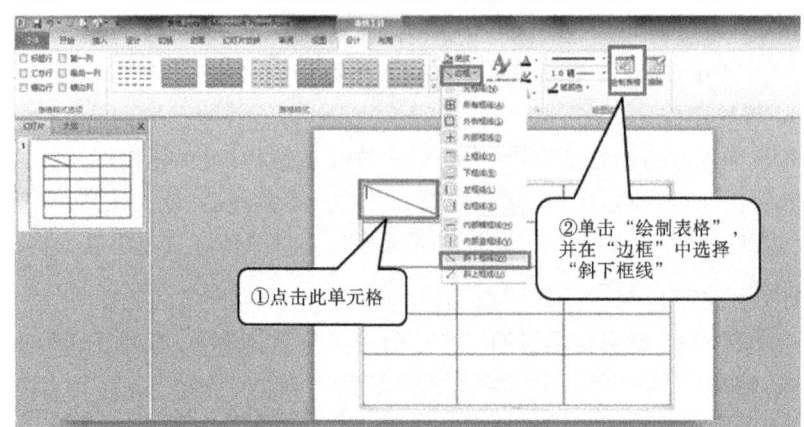

图 3-51　绘制斜下边框线

步骤 3:在表格内输入文字内容(见图 3-49),设置表格内的文字格式为"宋体,24 号,黑色",文本对齐方式选择为中部居中,操作如图 3-52 所示。

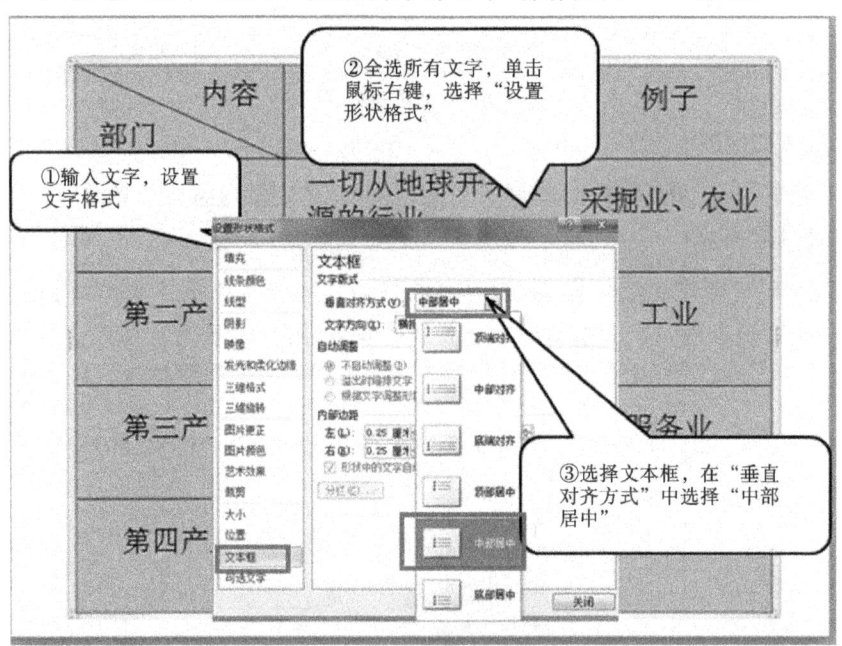

图 3-52　表格内设置文字

步骤 4:接上一步操作,调整各列、各行的宽度。选择"表格工具"→"布局"→"分布行"→"分布列",对表格的行高与列宽设置数值进行调整,如图 3-53 所示。或者选中表格的横、竖框线,向上(下)或向左(右)拖动,调整表格的行高和列宽,本实例采取直接拖动表格横、竖框线进行调整。

步骤 5:选中整个表格,单击鼠标右键,选取"设置形状和格式",为表格填充

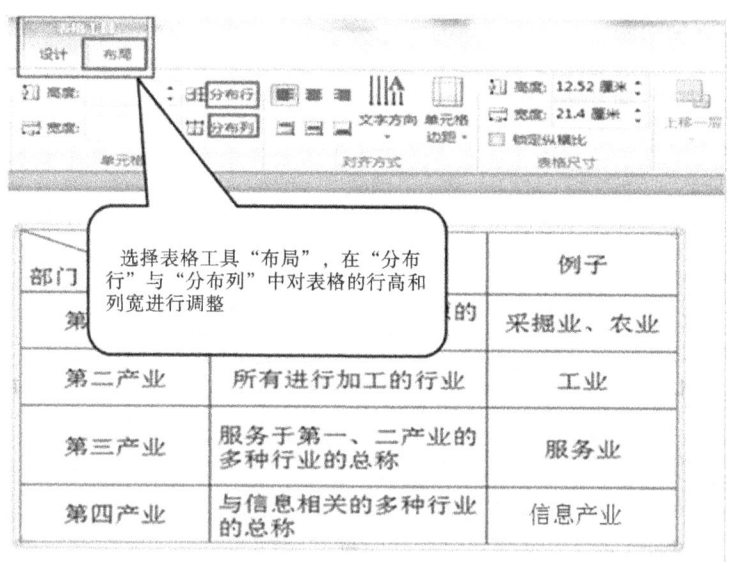

图 3-53　调整表格布局

纹理"蓝色面巾纸",并插入文本框,输入标题"四级产业的分类表",格式为"楷体,48 号,加粗,浅蓝",即可完成该幻灯片的制作。

4. 图表制作

【实例——空气的组成】

"空气的组成"使用了圆饼图,使空气中各种气体组成及所占比例清晰明了。通过圆饼图能让学生对空气的组成一目了然,也可以清楚知道氮气在空气中的含量最多,而二氧化碳和水蒸气的含量最少,效果图如图 3-54 所示。

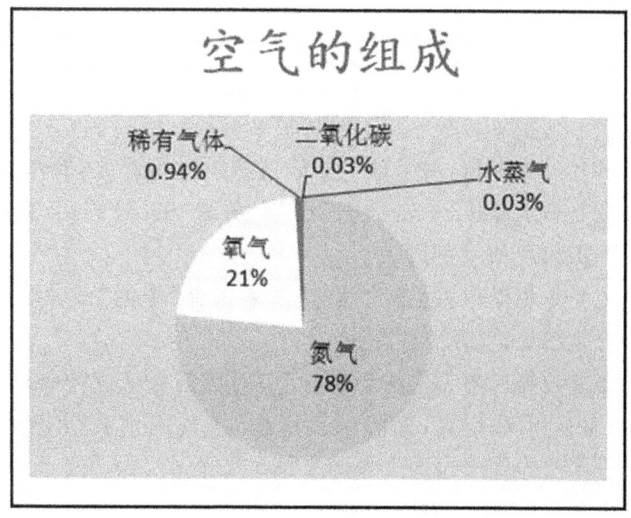

图 3-54　成品效果图

【制作思路】

插入图表,选择饼图,进行展示。

【制作步骤】

步骤 1:新建空白幻灯片,选择"插入"→"图表"菜单命令,插入图 3-55 所示的图表。

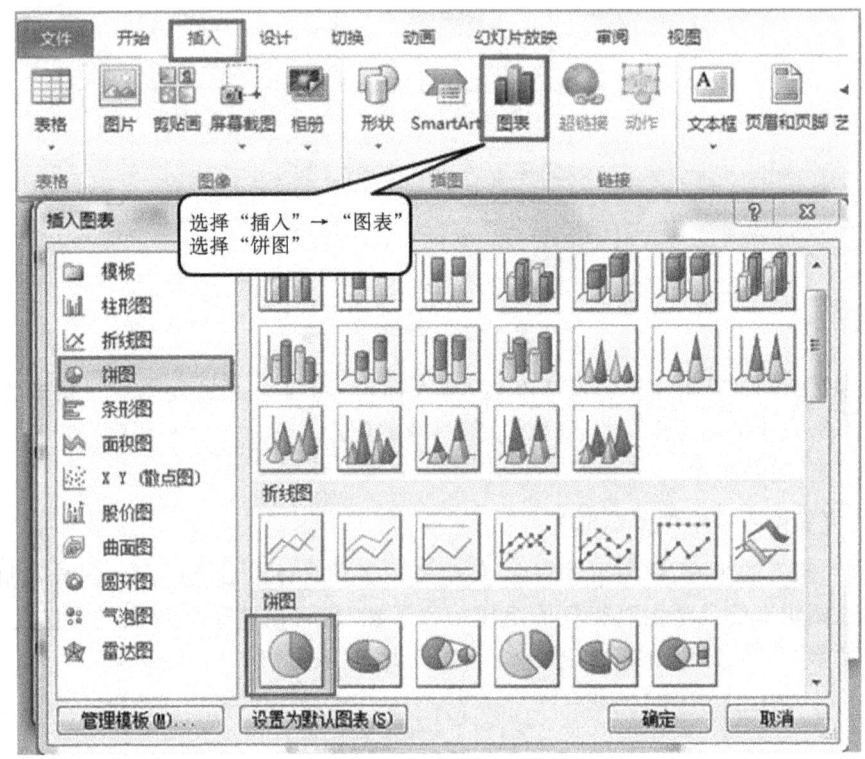

图 3-55　插入图表

步骤 2:接上一步操作,对默认数据表的数据进行修改,操作如图 3-56 所示。

步骤 3:接上一步操作,单击数据表右上角的"关闭"按钮,关闭数据表,在幻灯片中可看到图 3-57 所示的图表。

步骤 4:接上一步操作,选择工具栏"图表工具"中的"设计"→"图表布局"→"布局 1",效果如图 3-58 所示。

步骤 5:修改数据标签。点击数据标签,对数据数值进行修改,并修改数据标签以及绘图区的大小和位置,删除图表标题"空气的组成",获得效果如图 3-59 所示。

步骤 6:接上一步操作,选中绘图区,单击鼠标右键,选择"设置绘图区格式",可以给绘图区填充颜色,操作如图 3-60 所示。本实例采取为整个图表区设置填

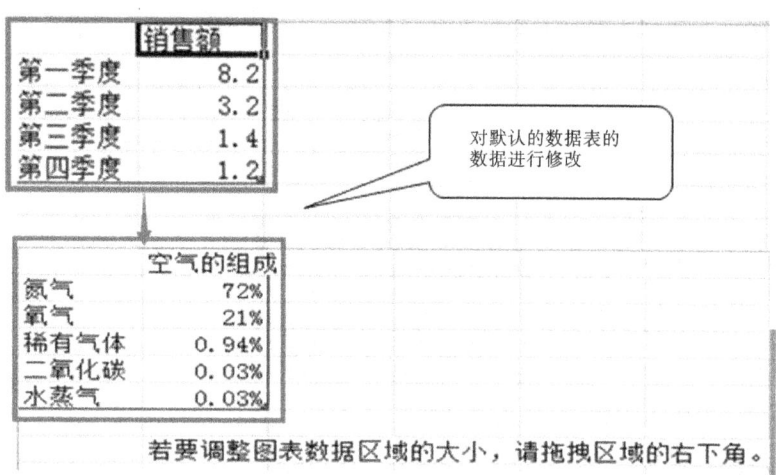

图 3-56　修改表格内容

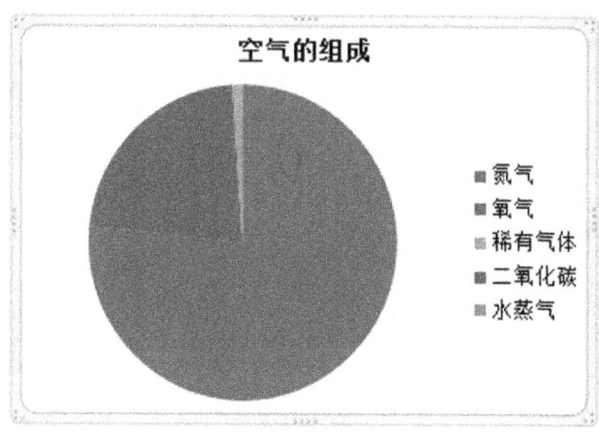

图 3-57　图表

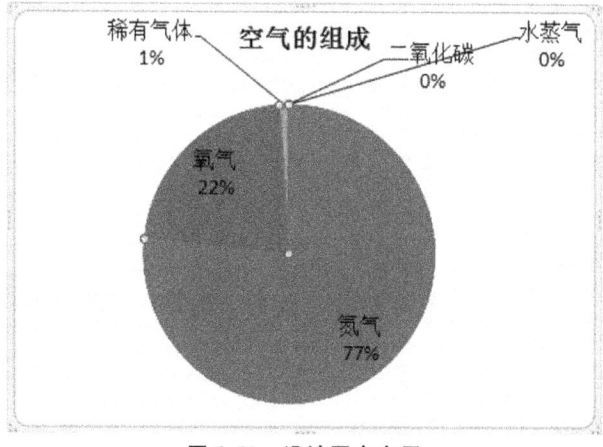

图 3-58　设计图表布局

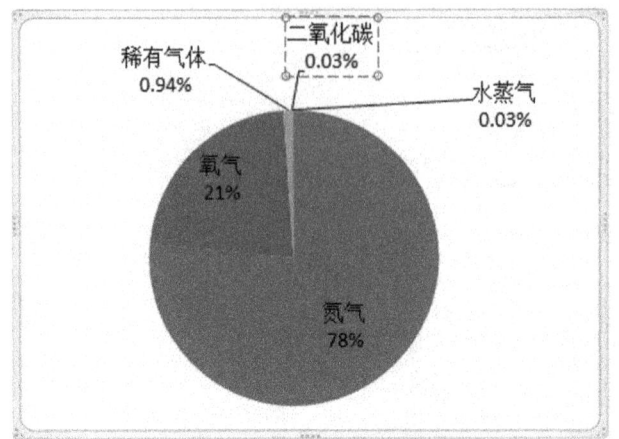

图 3-59 修改数据标签

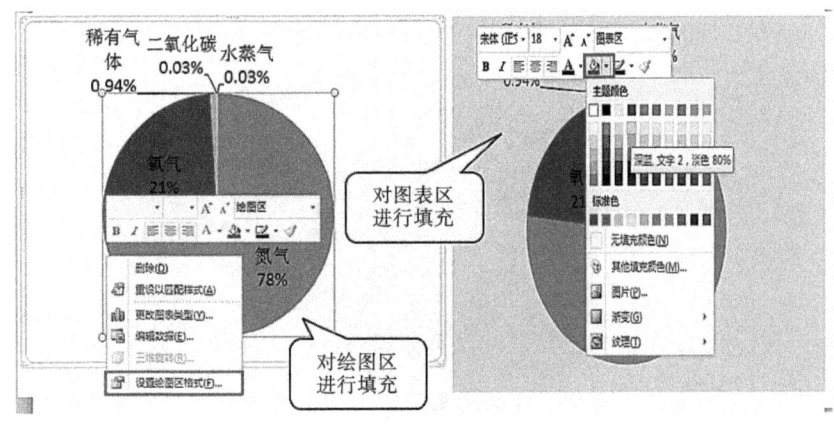

图 3-60 设置绘图区填充效果

充效果。选中图表区,单击鼠标右键,选择快捷工具栏中的"图表区"→"形状填充",选择填充"深蓝,文字 2,淡色 80%"。

步骤 7:选中每个扇区,单击鼠标右键,选择快捷工具栏中的"形状填充",为每个扇区填充不同的颜色,如图 3-61 所示。

步骤 8:最后,插入"横排文本框",输入标题"空气的组成",设置字体格式为"楷体,54 号,加粗,浅蓝色",即可完成该幻灯片制作。

【知识窗】

(1)选择工具栏的"图表工具"→"设计"→"图表类型"菜单命令,可以更改图表类型。

(2)选择工具栏的"图表工具"→"设计"→"数据"菜单命令,可以更改数据表内的数据。

(3)选择工具栏的"图表工具"→"布局"→"图表标题",可以设置图表标题的

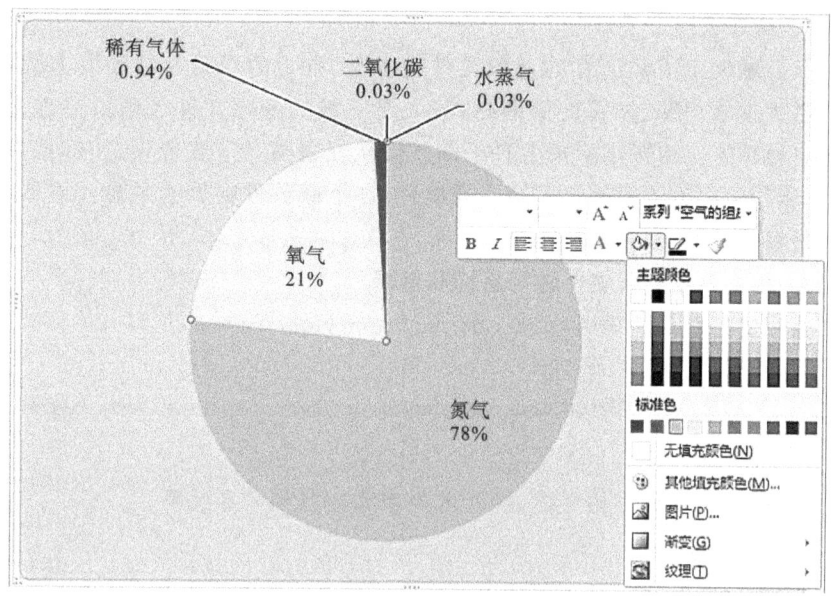

图 3-61　修改扇区颜色

位置和格式。

（4）选择工具栏的"图表工具"→"布局"→"图例"，可以设置图例的位置和格式。

（5）选择工具栏的"图表工具"→"布局"→"数据标签"菜单命令，可以设置数据标签的位置和格式。

第三节　声音的处理及应用

音频素材在多媒体 CAI 课件中占有重要地位。音乐可以烘托气氛，强化多媒体课件的主题，营造轻松愉悦的学习环境。语音解说是多媒体课件中传播教育信息相对简洁、自然的方式，可以加深学生对课件内容的理解。各种音响效果的加入使多媒体课件更生动、更有活力。总之，音频素材在多媒体课件中的应用，增强了课件的说服力和感染力，使多媒体课件变得丰富多彩。

一、音频素材的获取

音频素材的获取方式很多，可以采用系统自带的音频，也可以从互联网上下载已有的音频文件，也可以利用录音软件录制需要的音频，还可以从各种多媒体光盘中获取音频素材。

1. 系统自带

PowerPoint 自带了多种不同的声音效果供用户使用，使课件的制作更加方便快捷。

2. 从互联网上下载

从互联网上下载已有的音频文件是省时、省力的音频素材获取方式。可以登录各大搜索引擎,如百度等网站,输入要下载的音频文件名称的关键词,按回车键进行搜索。也可以借助各种下载软件从互联网上下载音频,如迅雷、网际快车等,采用这种方式需要先安装下载软件,在下载软件的界面中输入要下载的音频文件名称,搜索资源进行下载。

3. 利用声音编辑软件进行剪切和编辑

常用的音频编辑软件有 Adobe Audition、GoldWave 等。

二、声音的处理

【制作思路】

在 PowerPoint 中给文本、图片等内容添加各种声音效果。

【制作步骤】

1. 添加切换幻灯片时的声音

切换 PowerPoint 幻灯片时可以添加声音,能达到提醒,引起注意的效果。

步骤 1:如图 3-62 所示,选中要添加切换声音的幻灯片,选择菜单栏的"切换"工具,找到"声音"并下拉菜单,点击所需的效果声音。如果点击"其他声音",则可以选择电脑中的声音文件(必须是 wav 格式的音乐)作为切换幻灯片时的声音。

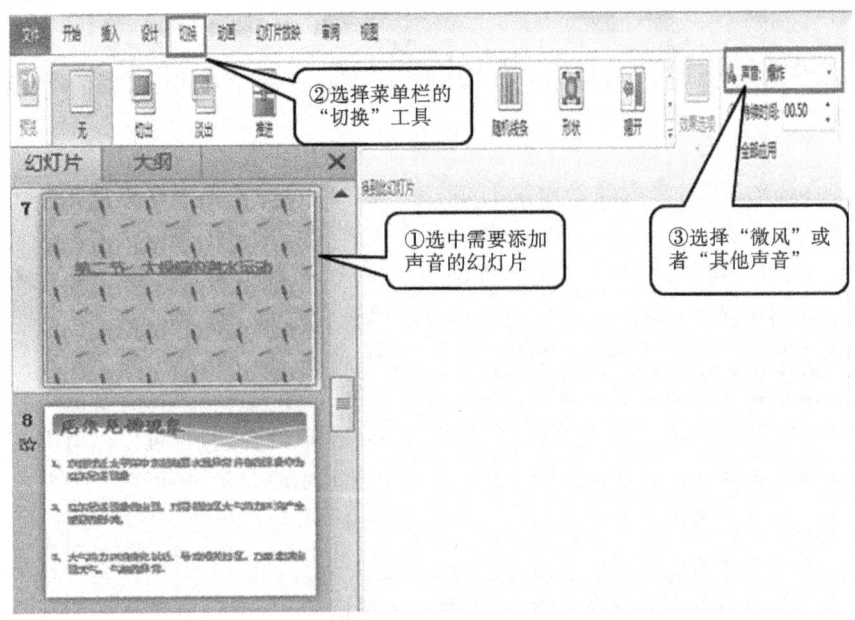

图 3-62 添加声音

2. 添加动画的声音

步骤 2：选中要添加动画的内容,选择菜单栏"动画",单击"效果选项"右下角隐藏符号,在新窗口点击所需声音或"其他声音"。操作如图 3-63 所示。

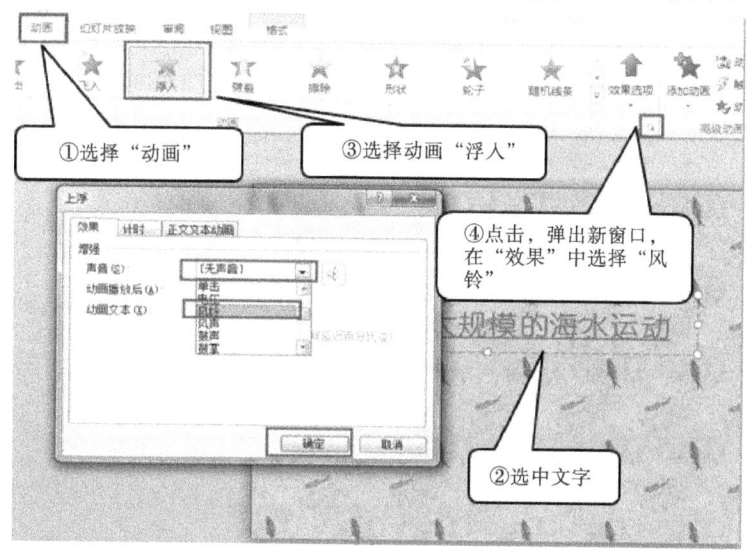

图 3-63 设置声音效果

3. 添加动作设置的声音

步骤 3：选中内容,选择"插入"→"动作"→"播放声音"→选择声音,如图 3-64 所示。动作的声音常配合文字出现而使用,常用于选择题答案正确与否的区别设置,如正确选项可用"掌声",错误选项可用"爆炸"。

4. 插入声音

步骤 4：插入声音到幻灯片,操作过程如图 3-65 所示。

【知识窗】

(1)插入文件中的声音。

点击"文件中的音频",找到所需文件点击"确定"。

(2)剪贴画声音。

点击"剪贴画音频",出现剪贴画窗口后选择声音点击"确定"。

(3)录制音频的方法及其插入幻灯片的操作方法。

连接好录音设备后,点击"录制音频",可以录制需要的声音,如图 3-66 所示,录制完成后点击"确定"保存,再按照插入文件中的声音操作。

5. 录制幻灯片演示

PowerPoint 的录制幻灯片演示是一项在"排练计时"上的进一步扩展的新功能。该功能除了拥有"排练计时"的功能(即会自动记录每一张幻灯片的播放时间,在下一次播放时可以实现自动播放)外,还允许用户使用鼠标、激光笔、麦克

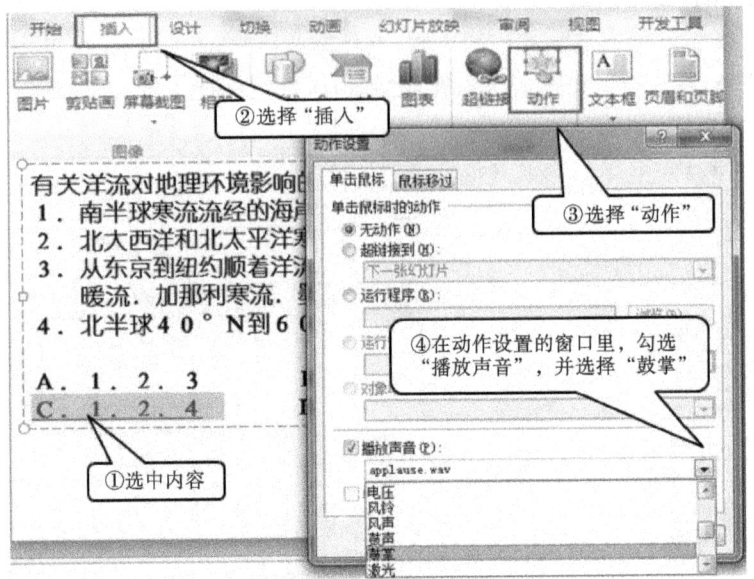

图 3-64 设置动作的声音

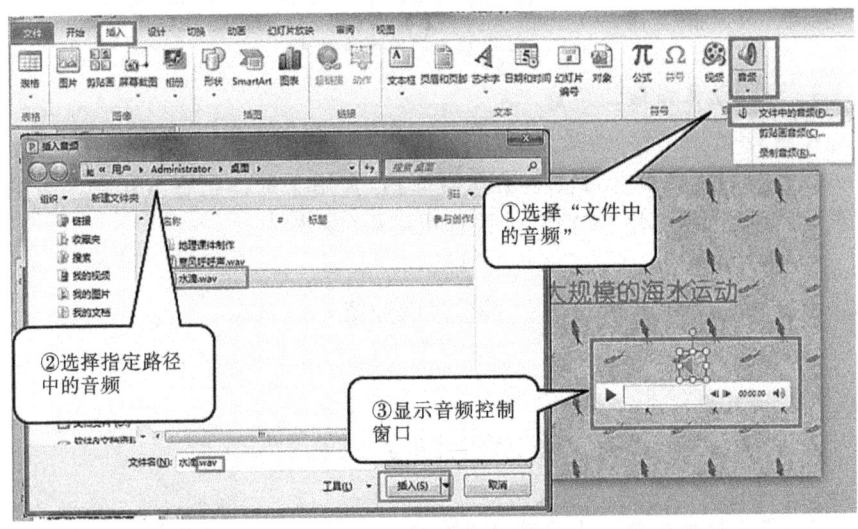

图 3-65 插入文件中的音频

风给幻灯片添加解释。其实用之处在于录制好的幻灯片可以脱离讲演者来进行放映。

在录制过程中,可以选择从头录制或者从当前幻灯片开始录制。在录制幻灯片演示窗口中可以选择录制的内容。

(1) 选择菜单栏上的"幻灯片放映",点击"录制幻灯片演示",操作如图 3-67 所示。

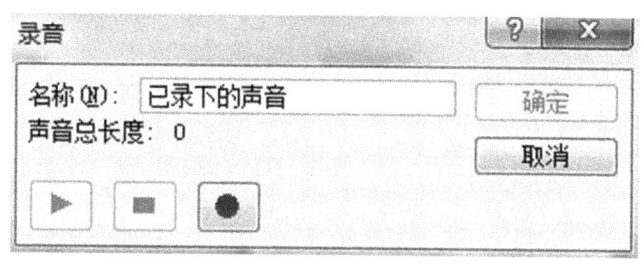

图 3-66　录制音频

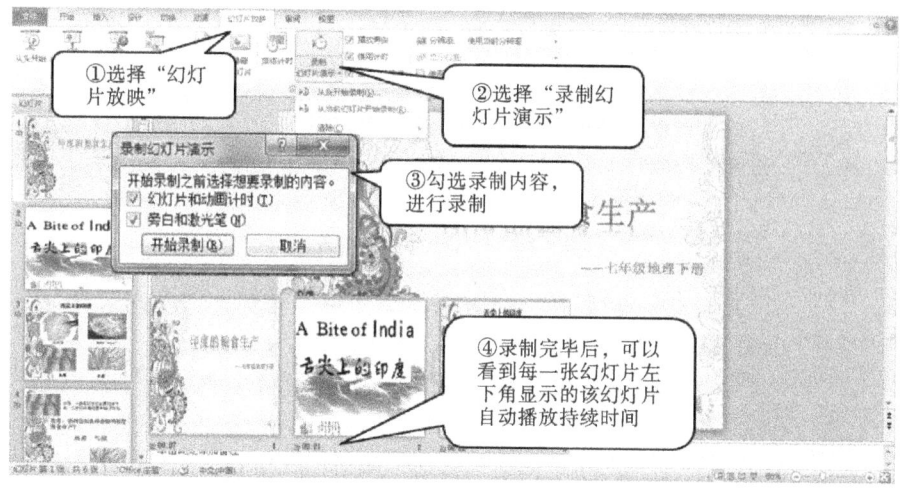

图 3-67　录制幻灯片演示

（2）录制好后，播放幻灯片就可查看录制效果。如需把录制好的幻灯片演示转换为视频，可以选择"文件"→"保存并发送"→"创建视频"。

6. 建立超链接

选中要建立超链接的文字，单击右键，选择超链接，选择想要链接的声音。

7. 利用电脑自带工具录制声音

单击"开始"→"附件"→"娱乐"→"录音机"→"录制"。

8. 利用声音编辑软件 GoldWave 编辑声音

GoldWave 是一个集声音编辑、播放、录制和转换的音频工具，小巧，功能比较齐全，且支持 wav、ogg、voc、iff、aiff、aifc、au、snd、mps、dwd、smp、vox、sds、avi、mov、ape 等多种音频文件格式。

在地理课件制作中，往往需要用到一些音乐来烘托课堂氛围，时间过长的音乐容易延误课堂进度，因而经常需要对音频文件进行剪裁，利用 GoldWave 进行声音的剪辑快捷而简单。

（1）打开 GoldWave 程序，操作界面如图 3-68 所示，左窗口是音频处理的主界面，右窗口是控制器。

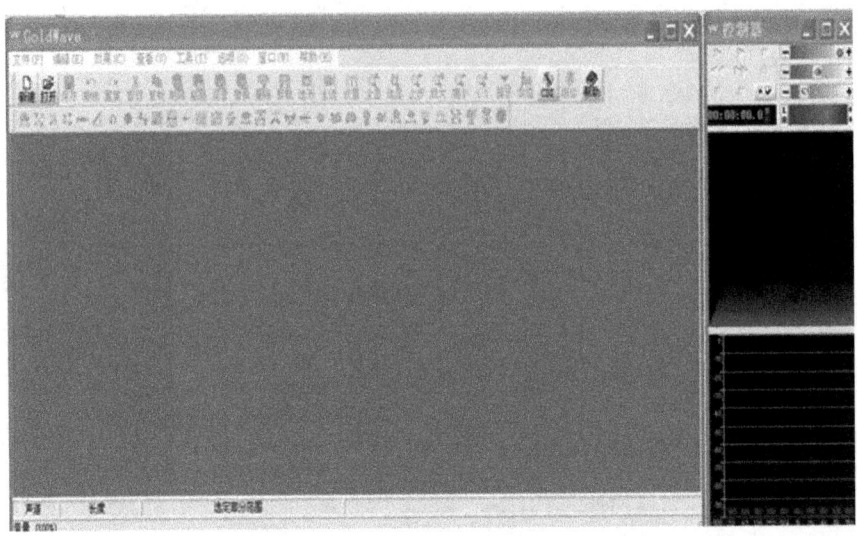

图 3-68　GoldWave 操作界面

（2）在主界面上单击"打开"按钮,然后选择指定路径中的音频文件,然后单击"打开",操作如图 3-69 所示。

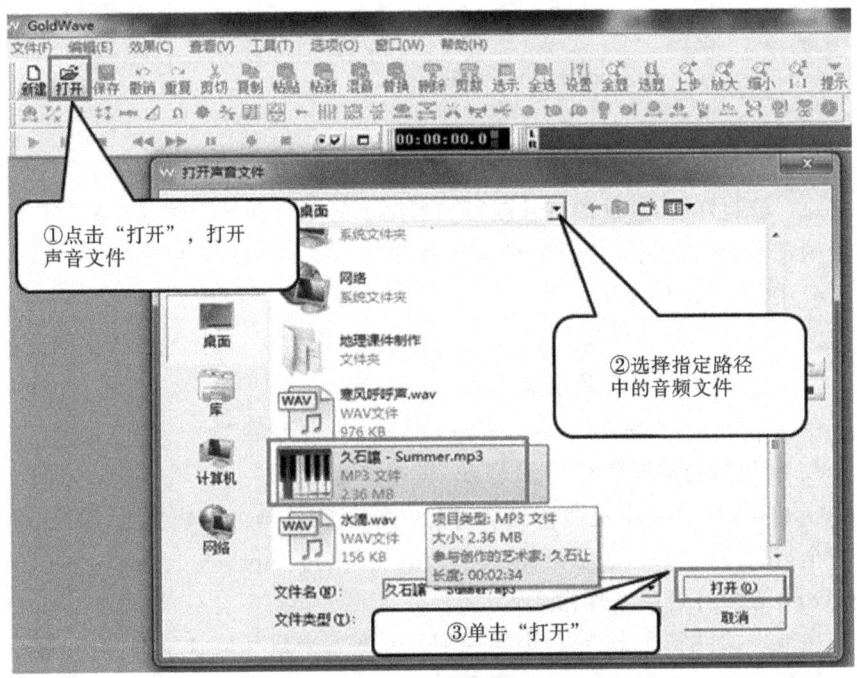

图 3-69　打开声音文件

（3）剪裁声音。在音轨界面上,单击鼠标左键,拖动选取需要剪裁的音频文件,让需要剪辑的音频文件保持高亮显示状态,然后再单击工具栏上的"剪裁"图标,操作如图3-70所示。

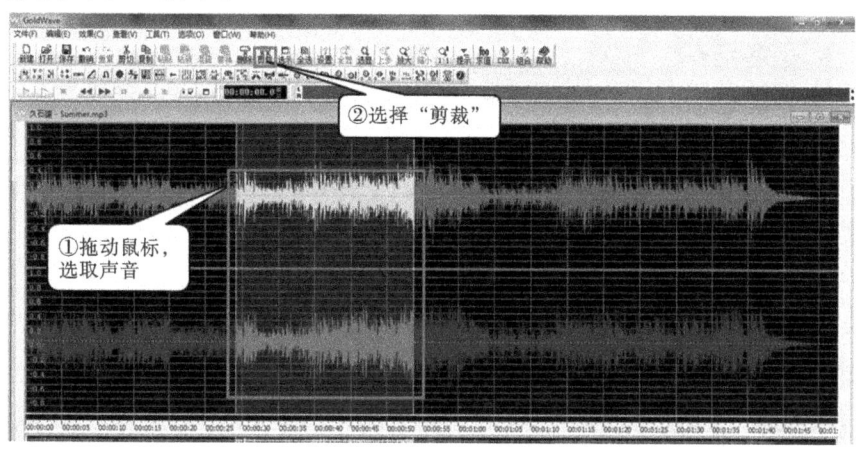

②选择"剪裁"

①拖动鼠标，
选取声音

图 3-70 剪裁声音

（4）接上一步操作，选中的音轨段会被剪裁并重新显示到编辑主界面上。单击菜单栏上的"文件"，然后选择"另存为"，即可将剪裁好的音乐存放到指定位置。

【知识窗】

GoldWave具有声音编辑功能，例如：删除一段不需要的声音；截取一段声音，并复制到另外的位置；将某段声音移到另外的位置；连接两段声音；将多种声音进行合成等。

GoldWave具有增加声音特殊效果的功能，例如：增加混响效果，可以达到润色音色的目的；生成回声效果，产生空旷感觉；改变声音频率，产生特殊效果，提高频率时，声音尖利，降低频率时，声音低沉而宽厚；制作声音的淡入、淡出效果；把声音数据的排列顺序颠倒过来，产生只有计算机特有的"倒叙音乐"等。

GoldWave能以不同的采样频率录制声音信号。在录制声音时，声源可以是CD-ROM播放的CD音乐、音频电缆传送过来的录音机信号，也可以通过麦克风进行录音。

GoldWave具有转换音频格式功能。处理好音频后，点击菜单栏"文件"→"另存为"，在"保存类型"中选择音频格式类型，点击"保存"即可。

第四节　视频的处理和应用

一、视频素材来源

视频在多媒体CAI课件中占有重要的地位，在演示型课件中加入视频能使得教学更为生动、直观。在演示文稿中，视频素材的来源主要有三个：一是来自

文件中的视频;二是来自剪贴画视频;三是来自网站的视频。

二、插入视频

在演示文稿中插入视频的方法主要有两种。

1. 直接插入视频

点击菜单栏中的"插入"→"视频"→"文件中的视频"/"来自网站的视频"/"剪贴画视频"。

2. 建立超链接

先选中幻灯片中的文字、图片或图形,再点击菜单栏"插入"→"超链接"→选择要链接的视频。

三、视频处理

【制作思路】

利用视频剪辑软件对视频进行剪辑、合成等处理。

【制作步骤】

利用视频编辑软件进行处理——以狸窝全能视频转换器为例。

狸窝全能视频转换器是一款功能强大、界面友好的全能型音频、视频转换及编辑工具。利用狸窝全能视频转换器可以实现多种视频格式之间的任意转换。如将 rmvb、3gp、mp4、avi、flv、f4v、mpg、vob、dat、wmv、asf、mkv、dv、mov、ts、WebM 等格式的视频文件编辑转换为手机、iPod、PSP、iPad、MP4 等移动设备支持的音/视频格式。

狸窝全能视频转换器不但提供多种音频、视频格式之间的转换功能,它同时又是一款简单易用却功能强大的音频、视频编辑器。利用狸窝全能视频转换器的视频编辑功能,可以处理拍摄或收集的视频。在视频转换设置中,也可以对输入的视频文件进行可视化编辑。例如:截取视频片段、剪切视频、添加水印、视频合并以及调节视频画面的亮度、对比度等。

狸窝全能视频转换器的简单用法如下。

步骤 1:启动狸窝全能视频转换器软件后,点击"添加视频"按钮,如图 3-71 所示。

步骤 2:点击界面左上角的"视频编辑"按钮,操作如图 3-72 所示。

步骤 3:设置截取时间。其主要有以下两种方式,通过两种方式相结合进行操作,能获得更精准的截取。

方法一:拖动鼠标进行截取,在视频编辑的操作界面中,点击"截取",在时间轴上拖动左、右三角符号进行截取,再点击"确定",如图 3-73、图 3-74 所示。

方法二:直接输入时间。如图 3-75 所示,时间格式为"时:分:秒:毫秒",在方

图 3-71 狸窝全能视频转换器主界面

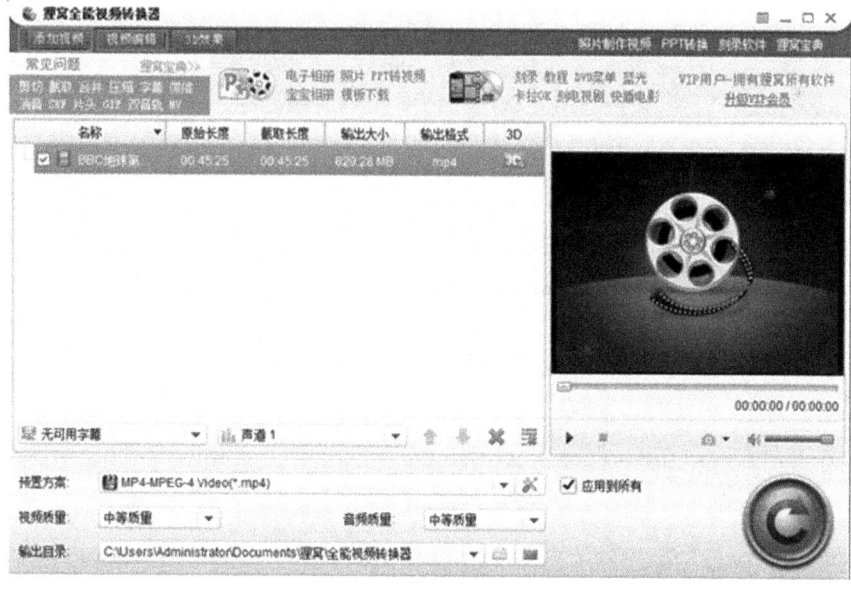

图 3-72 编辑视频

框中分别输入开始时间和结束时间,时间轴上的拖动按钮也随之移动,最后点击"确定",即可完成截取。

  注:检查是否截取精准的方法是:可以拖动时间轴上的播放按钮至截取时段内,通过视频播放窗口进行观察。

  步骤4:其他设置(如剪切、效果、水印)可以按实际需要进行设置,如图3-76所示。

图 3-73　截取时间方法一

图 3-74　截取时间方法一的效果

　　步骤 5：设置输出格式：在预置方案方框中选择输出格式，一般选用 wmv、rmvb、mp4 等格式。视频质量、音频质量根据需要进行选择，质量越高，视频占据内存越大。

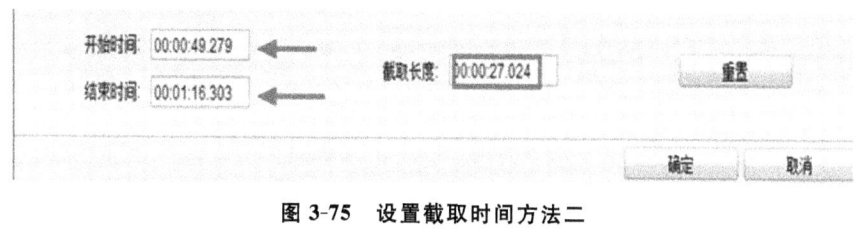

图 3-75　设置截取时间方法二

图 3-76　其他设置

步骤 6：接上一步操作，生成视频。设置好输出目录，点击软件界面右下角转换按钮即可生成截取的视频片段，操作如图 3-77 所示。

图 3-77　生成视频

步骤 7：导出视频的过程如图 3-78 所示。

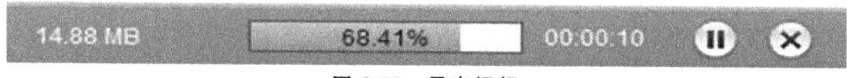

图 3-78　导出视频

学以致用·章末练习

1. 新建演示文稿,以"龙腾四海"为设计主题,标题处输入"中国地理",字体设置为"隶书,88 号,黑色"。进入动画设置为"擦除",在单击时从左侧进入,持续时间为 1.50 s;强调动画设置为"放大"或"缩小",在上一动画之后出现,持续时间为 2.00 s;退出动画为在单击时旋转并收缩退出,持续时间为 2.00 s。

2. 新建一个空白幻灯片,选择"凸显"设计主题,插入艺术字,输入"中国人口居世界第一位",格式为"宋体,60 号,加粗,文字阴影"。设置艺术字格式为"粉色面巾纸,黄色,波形 1"。

3. 将题 3 图中的左边图片进行图片格式处理和裁剪处理,获得右图的效果。

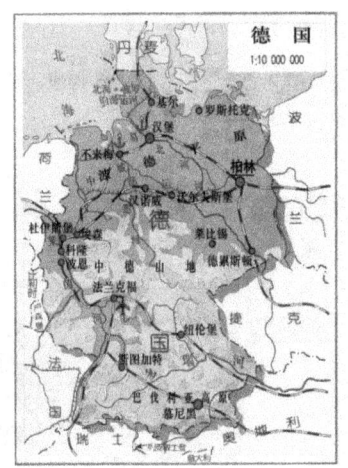

题 3 图

4. 绘制如题 4 图所示图形。

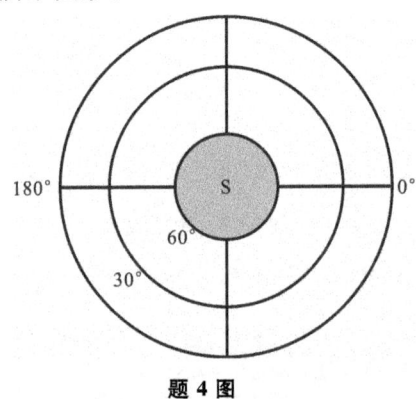

题 4 图

5. 制作如题 5 图所示表格。要求字体均为"宋体,24 号",并分别选择蓝色与红色,填充水纹。

	3月	4月	5月	6月	7月	8月
降水/mm	210	386	283	170	183	192
气温/℃	18	19.3	23.4	26.1	27	30

题 5 图

6. 运用第 5 题的数据制作"A 地春夏季气温降水图",如题 6 图所示。

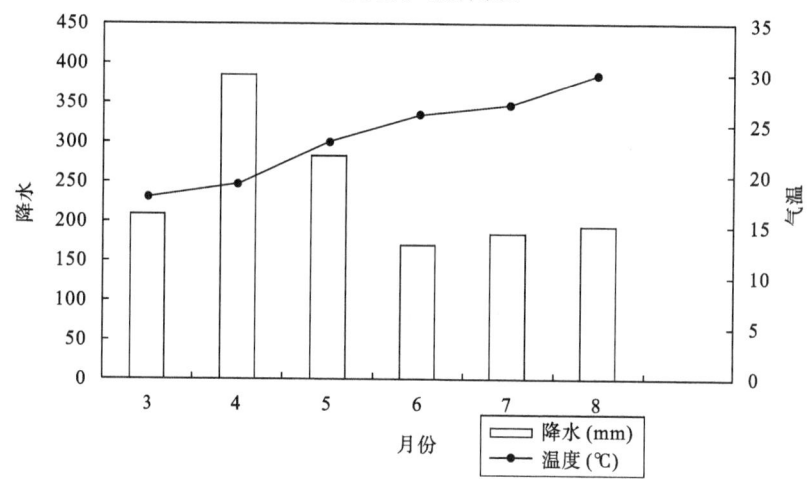

题 6 图

7. 打开网络资源 http://pan.baidu.com/s/1pJDdPij 中的"章末练习"文件夹,选择"练习题目"中的"第 7 题",利用 GoldWave 剪切音乐《卡农》的前 30 s 的音乐,并将之转换成 wav 格式的音乐文件,并新建一张幻灯片,插入剪切出来的《卡农》的前 30 s 音乐。

8. 打开网络资源 http://pan.baidu.com/s/1pJDdPij 中的"章末练习"文件夹,选择"练习题目"中的"第 8 题",在给出的选择题答案上添加不同的动作设置声音。给"我国自然资源的基本特征"每一点分别添加动画"飞入"效果,动画声音设置分别为"风铃""微风""硬币"。

9. 打开网络资源 http://pan.baidu.com/s/1pJDdPij 中的"章末练习"文件夹,选择"练习题目"中的"第 9 题",用狸窝全能视频转换器将视频《人类星球——北极》转换为常用视频格式中的 wmv 格式,将其截取为一段 5 min 的视频(计时从开头算起)。

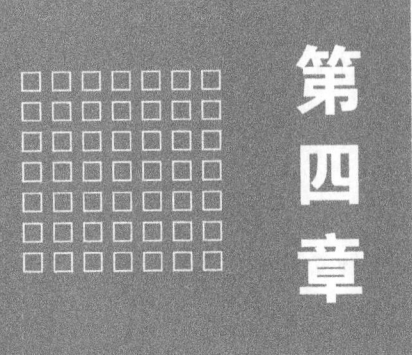

第四章

Flash 动画制作

Flash 是一款二维动画软件。通常包括 Adobe Flash（主要用于设计和编辑 Flash 文档）、Adobe Flash Player（主要用于播放 Flash 文档）。本书以 Adobe Flash CS3 版本制作 5 个常见的地理教学动画，向学生展示地理课件制作中 Flash 动画的制作过程。

第一节　Flash 简介

在计算机中安装 Adobe Flash CS3 中文版后，启动该软件，打开图 4-1 所示的开始界面。

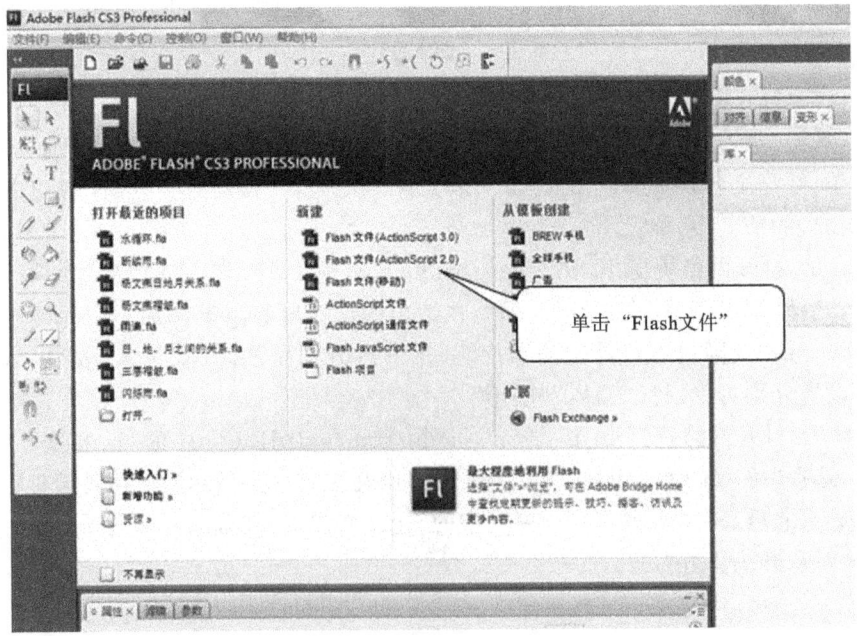

图 4-1　Flash 开始界面

【知识窗】

ActionScript 是 Flash 的脚本语言。

ActionScript 2.0 与 ActionScript 3.0 最大的区别在于语句的组织形式不同。由于本书所介绍的地理动画用到的只是简单的平面动画效果，不涉及开发。而 ActionScript 2.0 在编辑简单平面动画时，就语句的简便程度而言，比 ActionScript 3.0 出色，因此本章所用的 Flash 文件统一使用 ActionScript 2.0 脚本语言。

单击开始界面中的"Flash 文件"，打开如图 4-2 所示的用户界面。

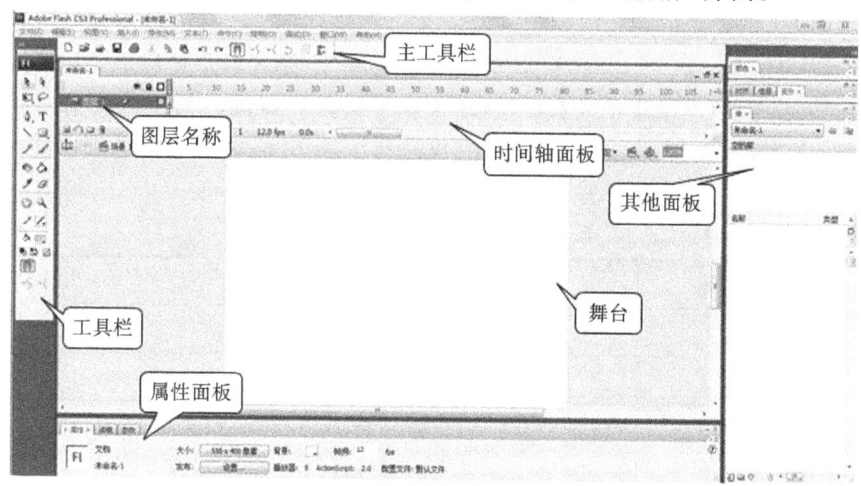

图 4-2　用户界面

1. 舞台

舞台指的是位于时间轴下方的空白区域，属于工作区的一部分，是动画制作中设置内容对象的主要场所。而在运行课件时，只有工作区中位于舞台部分的内容会被展示出来。舞台的默认大小为 550×400（像素），也可以根据自己的需要进行重新设置。

舞台可以按照一定比例呈现出来，默认呈现比例为 100%，也可以根据需要进行修改，修改的方法有两种：一种是在编辑栏的"舞台显示比例"框中输入比例数值，如输入"70"，则舞台便以 70% 的比例显示；另一种是依次点击菜单栏中"视图"→"放大、缩小和缩放比例"进行改变。

在动画制作中，经常需要绘制图形，而为了图形的美观性，一般会使用网格辅助线绘图。默认情况下，舞台的网格辅助线是不会显示出来的。调出舞台网格辅助线的方法有两种：一种是在舞台任意空白处右击，选中下拉菜单中"网格"→"显示网格"选项，这样舞台就显示网格辅助线，还可以根据需要对网格的大小进行修改（编辑网格）；另一种方法是依次点击菜单栏中的"视图"→"网格"选项，

81

也可以做出同样效果。

在绘制一些特殊图形时,一般需要用到一些辅助线,这时可通过添加辅助线来辅助绘制图形。添加辅助线主要有两种方法:一种是在舞台任意空白处右击,选中下拉菜单中"标尺"选项,这样舞台的上方和左方就出现标尺,这时可以把鼠标放在标尺上,按住鼠标左键向下(向右)拖动,这样就会出现一条水平(垂直)的参考辅助线;另一种方法是点击菜单栏中的"视图"→"标尺"选项,也可以做出同样效果。在舞台空白处右击下拉菜单中的"辅助线",勾选"显示辅助线"来显示或隐藏辅助线。同样,在"视图"菜单下,也可以进行显示或隐藏辅助线的操作。

2. 菜单栏

菜单栏是 Adobe Flash CS3 的重要组成部分,绝大部分功能都可以通过菜单的命令来实现,而菜单栏中的大部分命令都设有快捷键。为了使我们的操作更便捷、高效,最好能记住一些常用的快捷键。常用菜单命令的快捷键如表4-1所示。

表 4-1　常用菜单命令快捷键一览表

快　捷　键	功　　能
F5	在"时间轴"插入帧
F6	在"时间轴"插入一个关键帧
F7	在"时间轴"插入一个空白关键帧
F8	打开"转换为元件"对话框
F9	打开"动作"面板
Ctrl+B	将选中的对象打散
Ctrl+G	将场景中选中的对象组合成一个组
Ctrl+C	把选中的对象复制到剪贴板上
Ctrl+V	粘贴系统剪贴板上的内容
Ctrl+Shift+V	粘贴复制到剪贴板上的内容,并保持位置不变
Ctrl+L	打开"库"面板

3. 主工具栏

主工具栏是位于菜单栏下方的一个选项栏,它提供了 Flash 动画制作中经常使用的功能,如新建、打开、保存、缩放、伸直、对齐、复制、粘贴等。通过选择菜单栏中"窗口"→"工具栏"→"主工具栏"选项,来显示或隐藏主工具栏。

对于主工具栏中各个工具的具体功能,可以把鼠标移动到该工具的图标上停留,这样就会显示出该工具的主要功能。主工具栏常用工具的功能如图4-3所示。

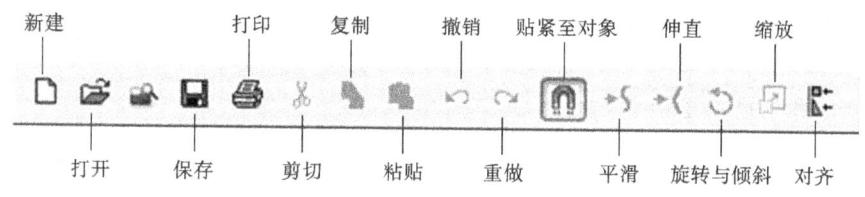

图 4-3 主工具栏常用工具的功能

4. 工具栏

工具栏位于舞台的左侧,又称"绘图工具栏"。工具栏中放置了可以对图形、文本进行编辑与修改的各种工具。工具栏分为"查看"工具、"绘图"工具、"颜色"工具和"选项"工具四个板块。点击"窗口"→"工具"就可以显示或隐藏工具栏。

对于工具栏中的各个工具的具体功能,与主工具栏一样,把鼠标移动到该工具的图标上,就会显示出该工具的主要功能。另外,某些工具图标的右下方会显示有一个小的黑色三角形,这就表明这个工具图标隐藏有其他类似的工具,可以通过把鼠标移动到该工具图标,按住左键不放则会显示出隐藏的工具选项。

5. 时间轴

时间轴是 Flash 动画进行创作和编辑的重要工具。时间轴面板由图层、帧、时间轴和其他选项组成。默认状态下,新建文件的时间轴只有一个图层。时间轴面板如图 4-4 所示。

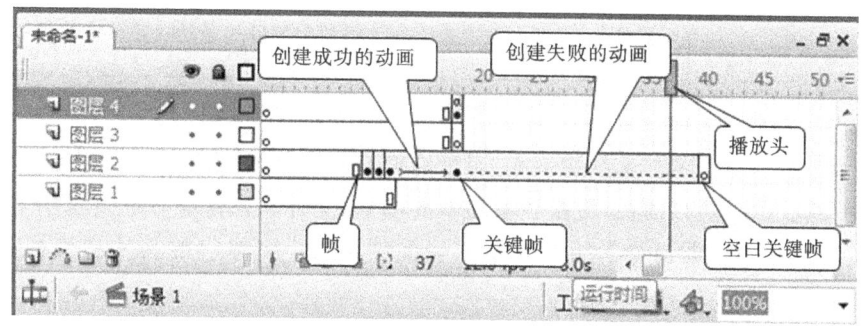

图 4-4 时间轴面板

时间轴面板的常用图标含义如表 4-2 所示。

表 4-2 时间轴面板图标含义

标　　志	含　　义
﹍	含有 a 标识的帧被动作面板指定了动作
﹍	插入图层,位于时间轴面板的左下方

续表

标　志	含　义
	插入引导层,位于时间轴面板的左下方
	删除图层,位于时间轴面板的左下方
	插入图层文件夹,位于时间轴面板的左下方
	图层锁定标记,用于控制图层的锁定与否,锁定图层不能被编辑
	用于控制图层内是否只显示图形的轮廓,默认为正常显示
	图层显示标记,用于控制图层的显示/隐藏,默认为显示
	形状渐变动画,背景为淡绿色
	运动渐变动画,背景为淡紫色
	播放头,在时间轴上来回拖动播放头可以查看动画效果

6. 编辑栏

编辑栏位于主工具栏的下方,通过编辑栏可以对舞台的缩放比例进行调整,隐藏或显示时间轴面板,更换当前编辑的场景、文件和元件等。通过选中"窗口"→"工具栏"→"编辑栏",可以显示或隐藏编辑栏。编辑栏的具体功能如图 4-5 所示。

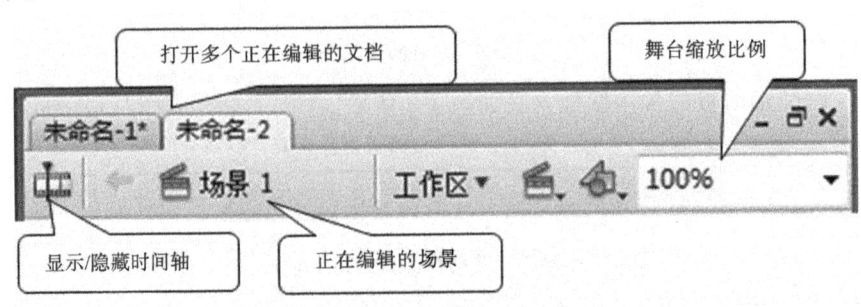

图 4-5　编辑栏

7．面板

Adobe Flash CS3 的用户界面上设置有各种各样的面板，如属性面板、动作面板、混色器面板等。这些面板主要是用于 Flash 动画制作过程中的属性、动作、颜色等的设置。默认状态下，这些面板位于整个用户界面的下方或右侧。通过选中"窗口"中的各个面板选项可以调出所需要的面板。在暂时不用面板的时候可以将其暂时隐藏，方法是通过点击面板的右上角的最小化按钮将其隐藏，点击最大化按钮即可恢复显示。

第二节 "降水"动画制作示例

降水是一种常见的天气现象，本节将以降水动画为例，展示 Flash 动画的制作过程。

通过本例的制作过程，让学生掌握如下 Flash 动画制作中的知识。

（1）如何修改舞台属性。

（2）什么是元件，如何创建元件。

（3）利用 Flash 软件的工具绘制图形。

（4）初步认识关键帧和补间动画。

【制作思路】

本例主要由"云朵"与"降水"两个部分组成，因此，整个动画的制作过程就包括两部分。降水主要包括了降雨、降雪和冰雹。成品部分动画效果如图 4-6 所示。

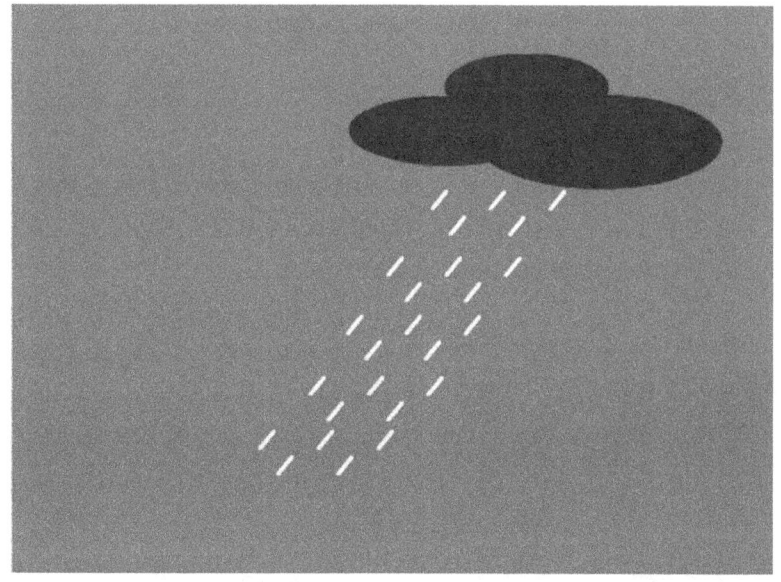

图 4-6　成品部分动画效果图

【制作步骤】

1. 设置文档属性

Flash 文件的文档属性主要包括舞台大小、背景颜色、帧频,根据自身需要调整适当的文档属性,有助于增加动画的美观性,也是 Flash 动画制作的基本技能。

步骤 1:启动 Flash,单击开始界面上的"Flash 文件(ActionScript 2.0)",进入"Flash 文件"的用户界面。

步骤 2:参照图 4-7 所示,设置文档属性。调整参数:舞台尺寸设置为 550×400(像素);背景颜色设置为天蓝色(#3399FF);帧频设置为 12fps。

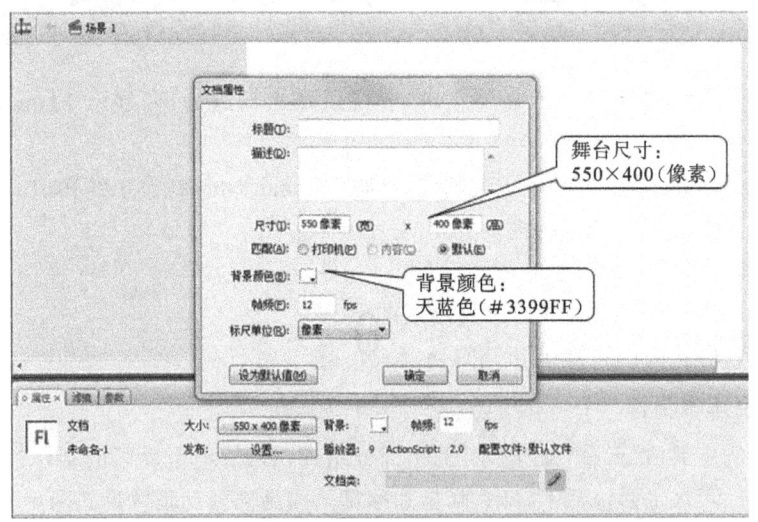

图 4-7　设置文档属性

【知识窗】

1)修改文档属性的方法有以下三种。

(1)点击菜单栏的"修改"→"文档"选项打开文档属性面板进行修改。

(2)右击舞台任意空白处,打开"文档属性"面板进行修改。

(3)在属性面板直接输入对应参数进行修改。

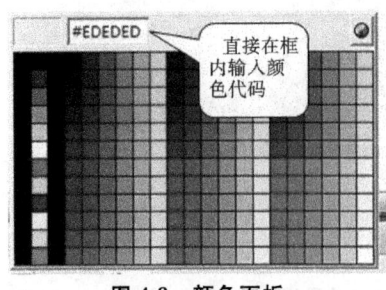

图 4-8　颜色面板

2)舞台背景颜色默认为白色,在修改舞台背景颜色时,根据需要选择背景颜色。每种颜色都有其对应的颜色代码,如果已知颜色代码,可以在颜色面板的左上角的代码框内输入颜色代码来选中颜色,如图 4-8 所示。

3)动画播放速度由帧频决定,帧频的单位为 fps,含义是每秒播放的帧数,Flash

文档的默认帧频率为 12 fps,可以根据需要修改。帧速越大,动画的播放效果越好,但是对应的时间也就越短;帧速越小,动画的跳跃感越强。对于帧速,要合理设置,否则会影响整个动画的效果。

2. 创建"云朵"元件

元件指的是 Flash 文件的小组件,一般由素材组成。在 Flash 动画制作中,很多时候需要重复使用素材。可以将素材转换成元件或新建元件,元件都储存于库中,可以随时从库中拖到舞台反复使用。

步骤 3:点击菜单栏中"插入"→"新建元件"(快捷键组合为 Ctrl＋F8),新建一个元件。设置元件名称为"云朵",类型为"图形",操作如图 4-9 所示。

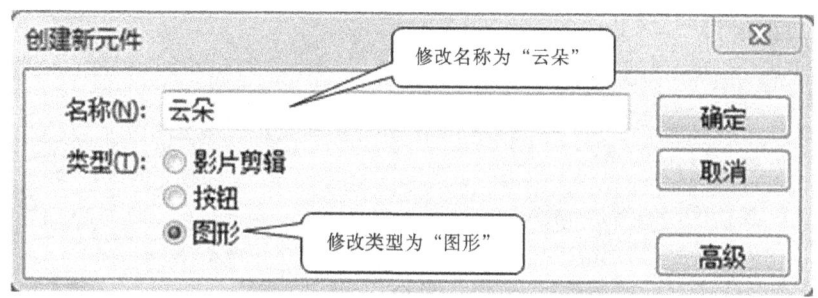

图 4-9　新建元件

步骤 4:新建元件后,舞台显示的是"云朵"元件的编辑界面。接上一步操作,利用"绘图"工具栏的相关工具绘制"云朵",操作如图 4-10 所示。

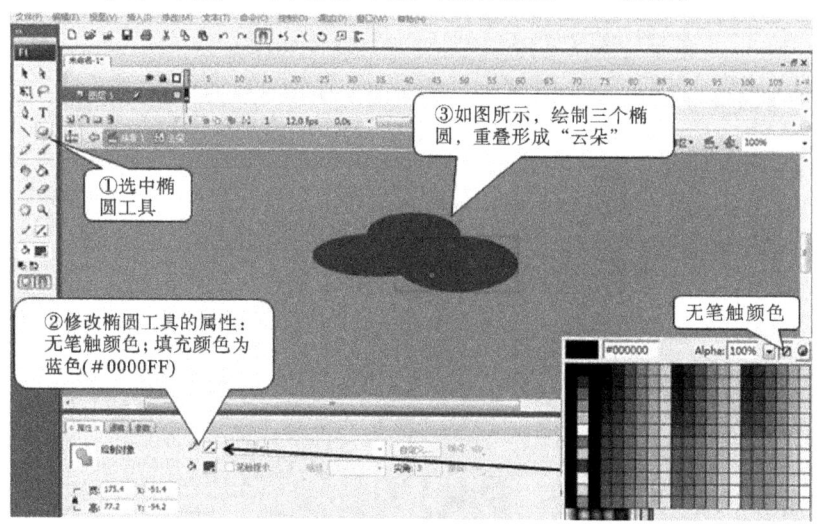

图 4-10　绘制"云朵"图形

【知识窗】

元件的类型有以下几种。

（1）影片剪辑。影片剪辑是可以独立于主时间轴播放的动画剪辑，可以加入动作。

（2）按钮。按钮有"常规""弹起""按下"和"点击"四帧的特殊影片剪辑，可以加入动作。

（3）图形。图形依赖于主时间轴播放的动画剪辑，不可以加入动作。

3. 创建"水滴"元件

这里的"水滴"元件与"云朵"元件的元件类型设置不同，因此在新建元件时要注意选好元件类型。

步骤 5：新建一个元件，设置名称为"水滴"，元件类型为"影片剪辑"，操作如图4-11所示。

图 4-11　新建"水滴"元件

步骤 6：新建元件后，舞台显示的是"水滴"元件的编辑界面。接上一步操作，利用"绘图"工具栏的相关工具绘制"水滴"，操作如图 4-12 所示。

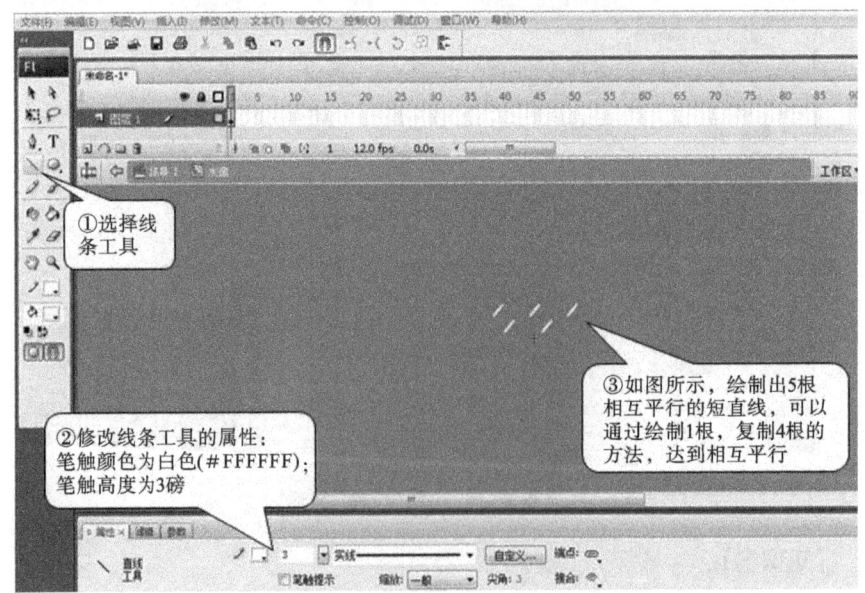

图 4-12　绘制"水滴"

步骤7：接下来，利用绘制出来的图形制作"水滴"动画，操作如图 4-13 所示。

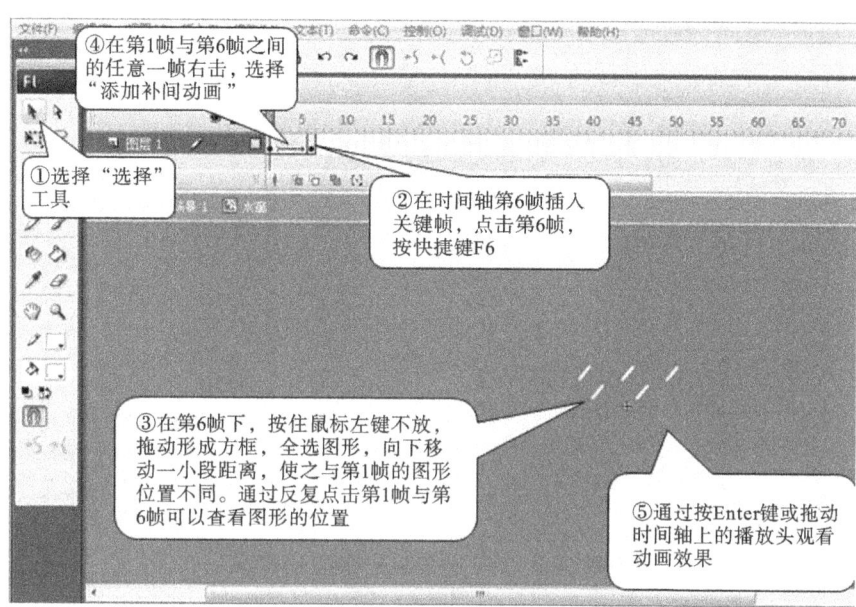

图 4-13 插入关键帧及添加补间动画

【知识窗】

1）关键帧是指角色或物体运动变化中的关键动作所处的那一帧。添加方法有以下两种：

（1）右击要添加关键帧的帧，出现帧的编辑菜单，选择"插入关键帧"；

（2）点击菜单栏上通过"插入"→"时间轴"→"关键帧"来插入关键帧。

2）补间动画。在 Flash 动画制作中，在两个关键帧中间添加补间动画可以形成良好的动画效果。除此之外，添加补间形状也可以做出动画效果，它们二者之间的区别是：补间动画一般是用于前后关键帧的图形位置发生变化时使用；补间形状则是用于前后关键帧的图形大小等形状发生变化时使用。根据具体的情况使用二者。

4. 制作"降水"动画

创建好的元件会自动保存在"库"中，利用"库"中的元件可以制作出"降水"动画。

步骤8：创建"水滴"元件后，点击编辑栏上的"场景一"，返回场景一。接上一步的操作，打开库（Ctrl＋L），从库中拖动所需的元件到舞台并排列。操作如图 4-14所示。

步骤9：排列好元件后，接着对第 2 帧进行操作，在第 2 帧插入关键帧，并修改元件的位置，操作如图 4-15 所示。

图 4-14　插入关键帧及创建补间动画

图 4-15　设置第 2 帧

　　步骤 10：完成以上操作后，可以通过按组合键 Ctrl＋Enter 预览整个动画效果，也可以导出 Flash 动画影片，以便于观看和使用，导出动画影片操作如图 4-16 所示。

　　步骤 11：最后出现的 Flash 影片属性面板，一般情况下，以默认形式保存。

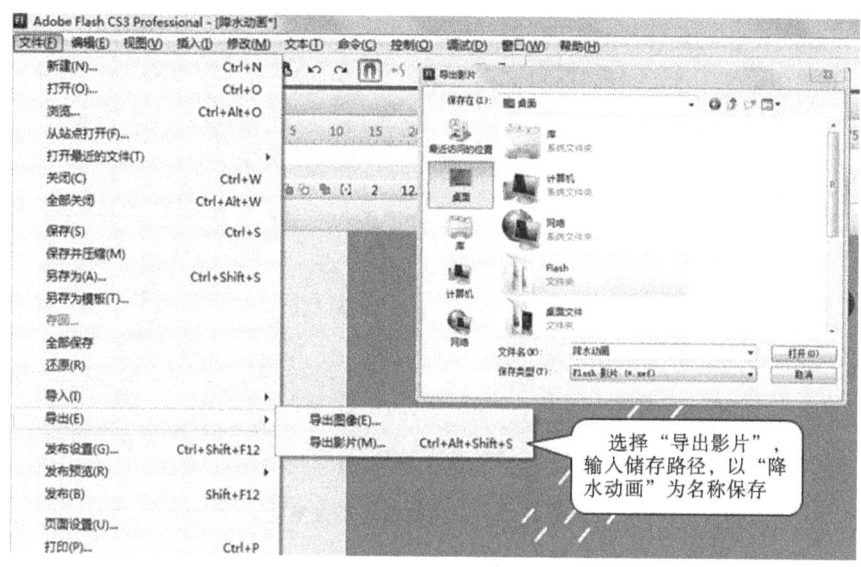

图 4-16 导出动画影片

第三节 "褶皱"动画制作示例

褶皱是地壳上一种常见的地质构造,指的是岩石中的各种面(如层面)等受力发生的弯曲变形。它是岩石中原来近于平直的面变成了曲面而表现出来的。

本例所展示出来的是简单的褶皱示意动画,通过本例的制作,学生将掌握如下 Flash 动画制作方面的知识:

(1)图层的基础操作;

(2)组合与分离图形元件;

(3)添加补间形状;

(4)对某一帧添加简单的动作命令;

(5)图形的变形(如旋转)。

【制作思路】

本例展示简单的褶皱形成过程,动画元素主要有岩层和应力。由于直线的编辑比多边形简便,因此岩层用加粗的直线表示,应力方向用两个箭头表示。在 Adobe Flash CS3 中没有直接可用的箭头图形,因此需要自行绘制适合的箭头元件。成品动画的部分动画效果如图 4-17 所示。

【制作步骤】

1. 设置文档属性

本例不使用默认的文档属性,因此要对 Flash 文件的文档属性进行调整。

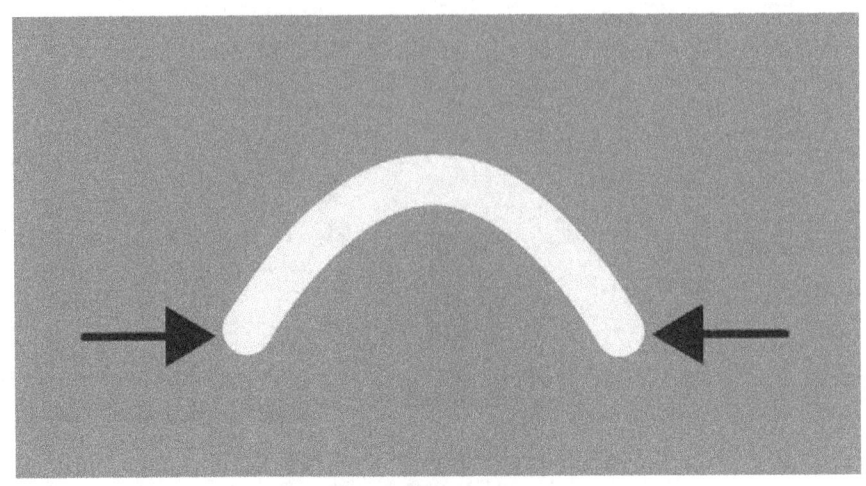

图 4-17　一层褶皱动画效果图

　　步骤 1：启动 Flash，单击开始界面上的"Flash 文件（ActionScript 2.0）"，进入"Flash 文件"的用户界面。

　　步骤 2：参照图 4-18 所示，设置文档属性。调整参数：舞台尺寸设置为 600×320 像素；背景颜色设置为草绿色（#00CC66）；帧频使用默认值。

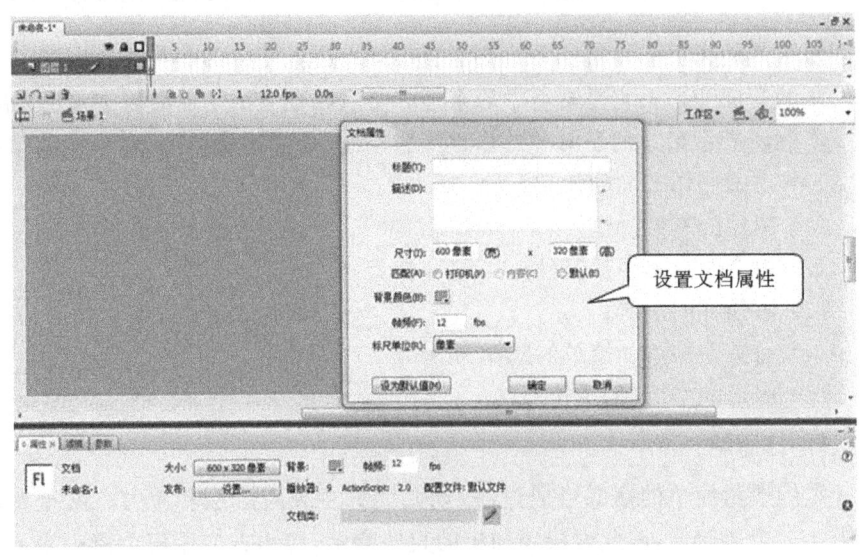

图 4-18　设置文档属性

　　2. 绘制"岩层"

　　图层是 Adobe 系列软件的一大特点，图层内的元件会相互影响。为了避免出现错误，一般需要设置多个图层，一是为了避免不必要的错误，二是为了便于区分。为了更好地区分各个图层，一般会对每个图层修改名称。

步骤3:修改图层一的名称为"背景图层",插入图层并置于背景图层之上,并修改名称为"岩层一",操作如图4-19所示。

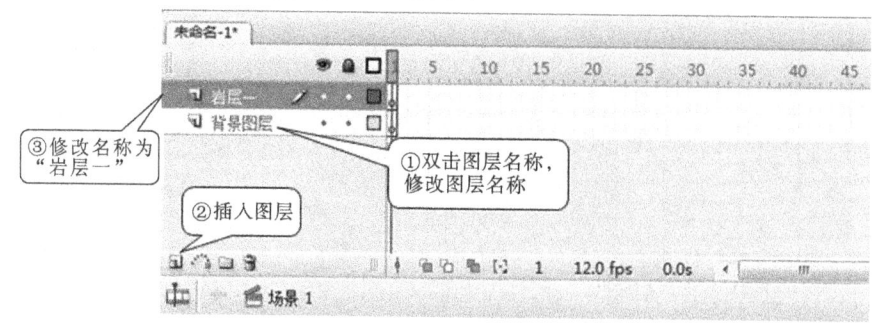

图4-19 插入图层

【知识窗】

(1)关于图层,理论上一个图层只放置一个元件,这样可以减少错误的发生。但是这也会造成图层冗余,所以对于图层的设置,要经过反复思考。

(2)对于多个图层,有时候会出现编辑错误,如元件一位于图层二,但是却对图层一进行了操作,这样就属于误操作。为了避免误操作,在对一个图层进行编辑时,可以把其他的图层锁定,如图4-20所示。对于锁定的图层,无法进行操作,这样就避免了误操作。选中舞台上的元件,该元件所在的图层也会被选中,这样就可以确定图层所包含的元件。

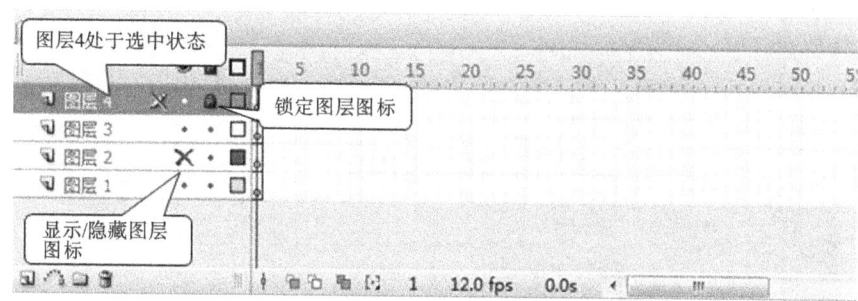

图4-20 图层状态

(3)一般情况下新插入的图层会默认置于选中图层的上方。每个图层上的元件都会在舞台上显示,如果要选择性地显示在舞台上,可以通过点击显示/隐藏图层图标来实现。

步骤4:点击选中"岩层一",在"岩层一"内绘制"岩层",操作如图4-21所示。

步骤5:修改"岩层"(直线)的大小和位置,操作如图4-22所示。

【知识窗】

(1)绘制直线时,为了保持直线的形状,可以同时按住Shift键进行绘制。

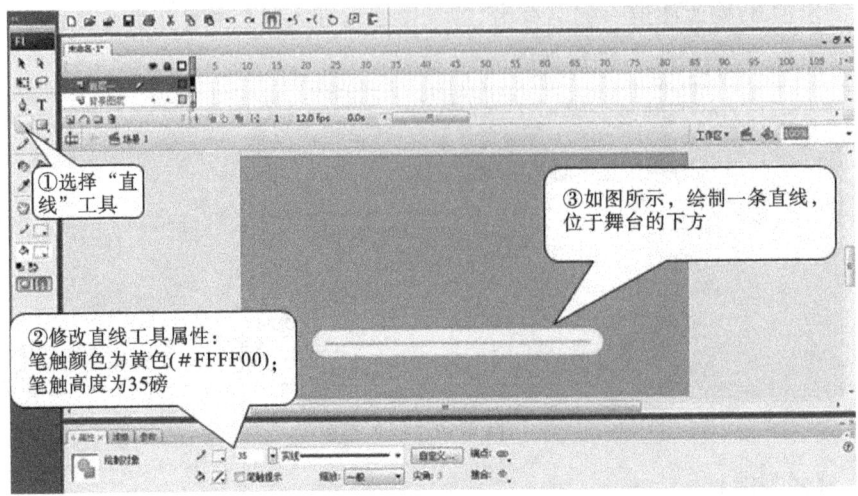

图 4-21　绘制"岩层"

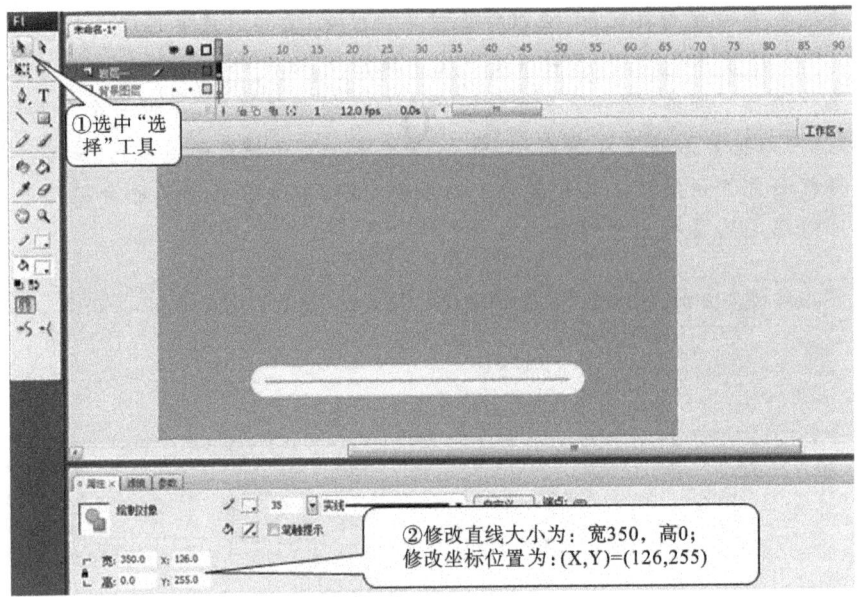

图 4-22　修改"岩层"位置及大小

（2）"选择"工具用于选择元件，快捷键为 V。

3. 插入关键帧并调整褶皱

步骤 6：接上一步操作，点击"岩层一"（图层），选中第 20 帧，插入关键帧，把第 20 帧的"岩层"弯曲，操作如图 4-23 所示。

【知识窗】

如何让直线岩层变为弯曲岩层？

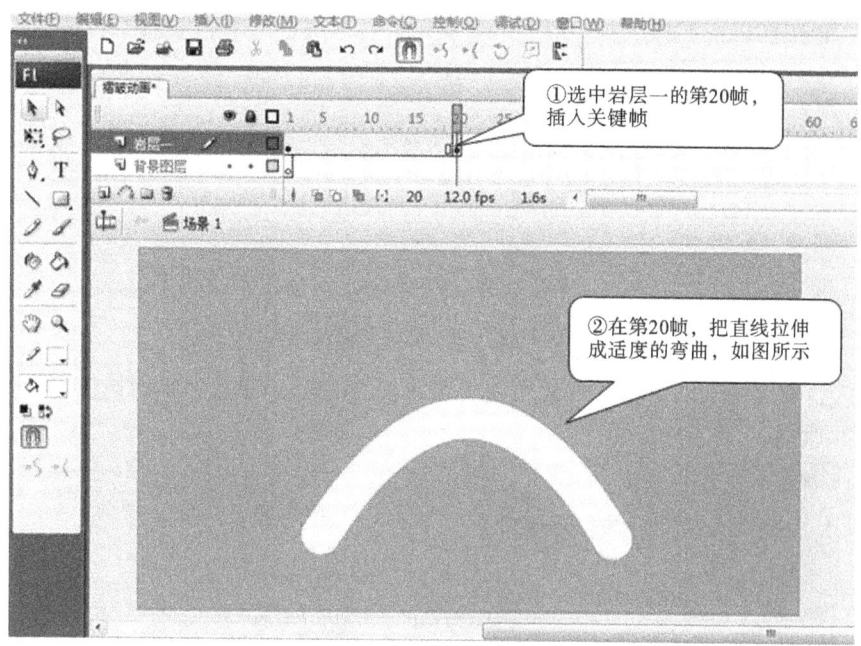

图 4-23 弯曲"岩层"

选取选择工具,把鼠标移动到直线的大概中间的位置,这时会出现 图标,这就表示可以对直线进行弯曲操作了,另外,把鼠标移动到直线的两侧,鼠标会出现一个直角,这就表示可以对直线的端点进行移动了。

步骤 7:接上一步操作,插入补间形状,如图 4-24 所示。

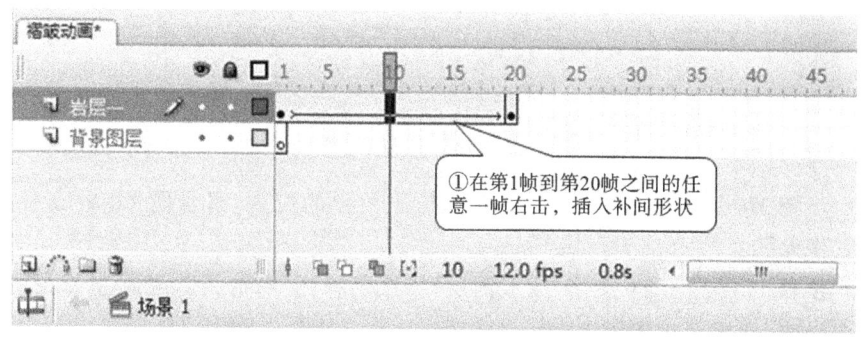

图 4-24 插入补间形状

4. 绘制箭头

本例使用箭头代表应力,但是 Adobe Flash CS3 没有现成的箭头工具调用,因此需要绘制箭头。

步骤 8:接上一步操作,插入新图层,修改名称为"左箭头"。操作如图 4-25 所示。

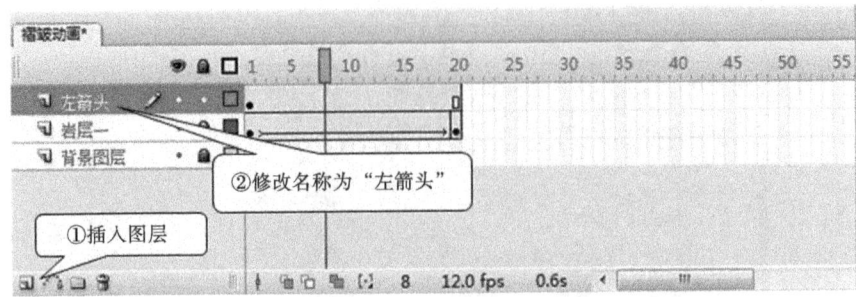

图 4-25　插入图层并修改名称

步骤 9：接上一步操作，利用绘图工具在"左箭头"图层中绘制箭头，操作如图 4-26 所示。

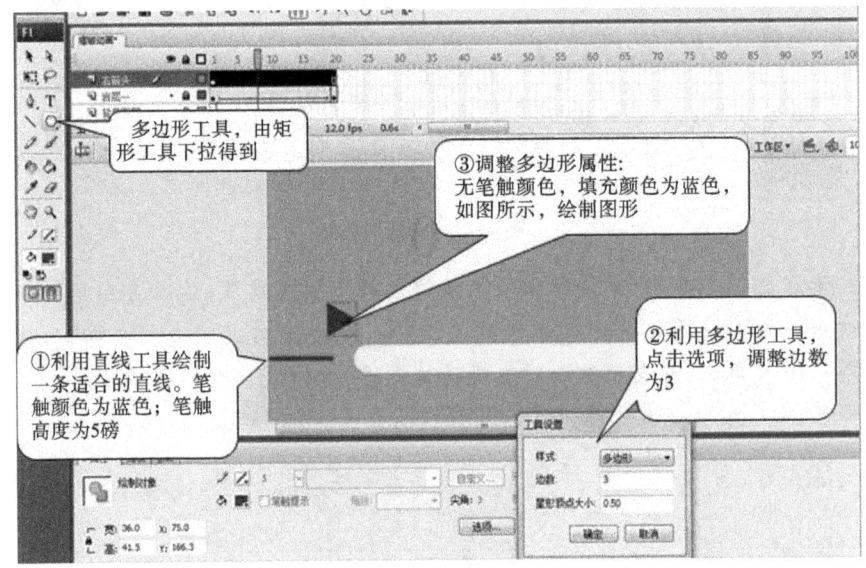

图 4-26　绘制左箭头

步骤 10：接上一步操作，调整直线与三角形的位置，组合图形，做成箭头，如图4-27所示。

步骤 11：接上一步操作，插入图层，修改名称为"右箭头"，复制左箭头图片至新图层中，调整其位置和方向形成右箭头，操作如图 4-28 所示。

5. 制作箭头动画

箭头代表的是应力，因此要体现出应力随着岩层的弯曲而变化。

步骤 12：接上一步操作，在"左箭头"（图层）和"右箭头"（图层）的第 20 帧，插入关键帧，调整两个箭头的位置，然后添加补间动画，形成力的效果，操作如图 4-29 所示。

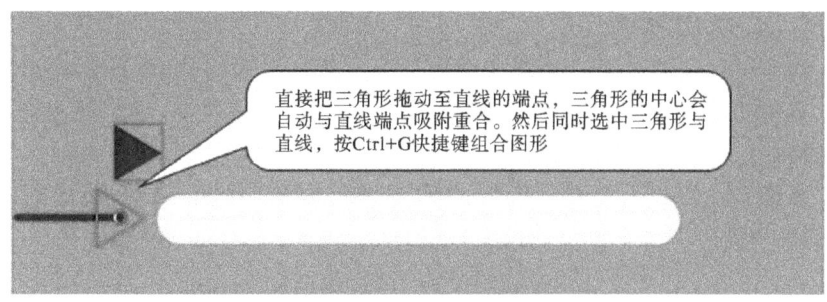

图 4-27　组合图形

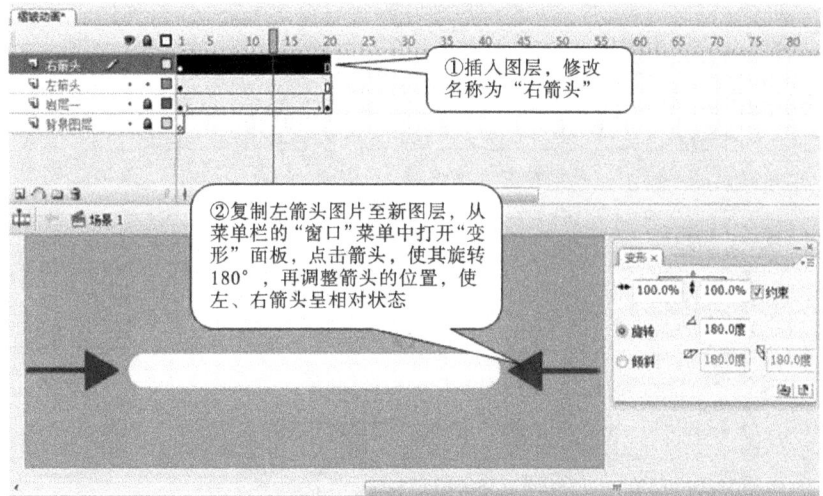

图 4-28　绘制右箭头

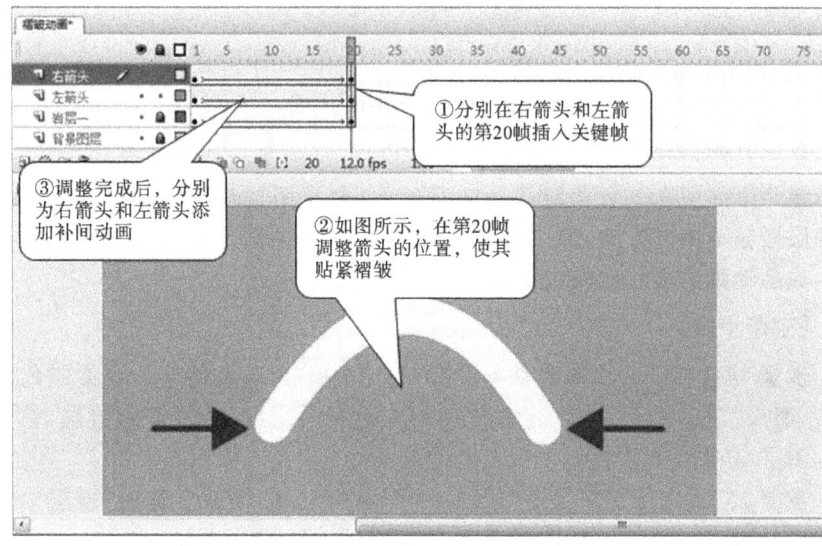

图 4-29　插入关键帧并创建补间动画

6. 添加动作命令

动作命令是指对某一帧添加动作指令。添加动作命令,使动画课件具交互性。本例把"stop"命令添加到课件中,如果没有"stop"命令,整个动画会不断地重复播放。

步骤13:点击任意现有图层的第 20 帧,添加"stop"命令,操作如图 4-30 所示。

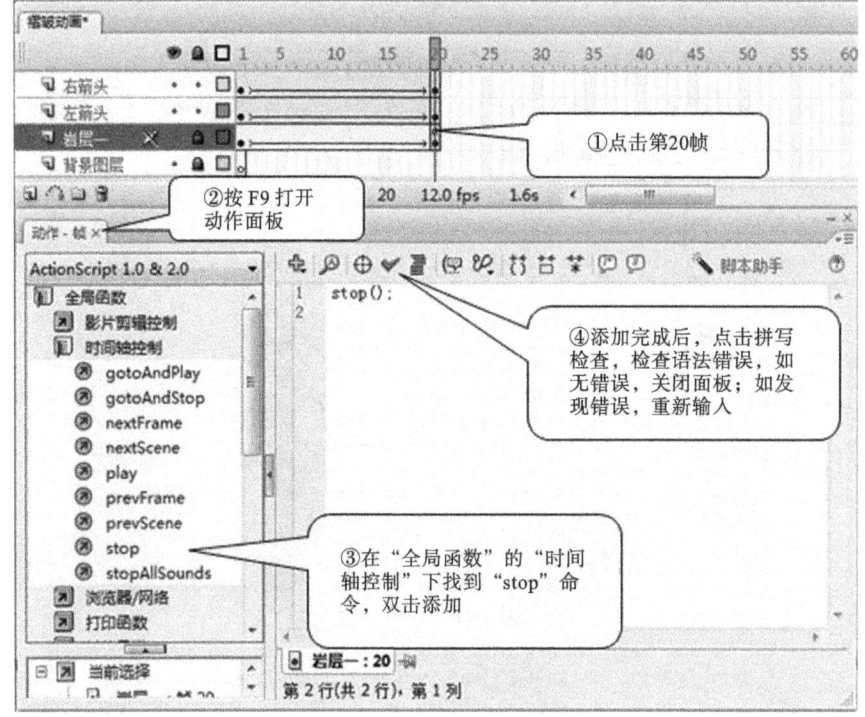

图 4-30　添加动作命令

以上是制作一层褶皱动画的制作过程,但是褶皱一般是具有多层的结构,接下来将介绍如何在一层褶皱动画的基础上,制作两层褶皱动画。只要掌握了制作两层褶皱动画的方法,那么只要按照相同的方法就可以制作出多层的褶皱动画。成品动画的部分动画效果如图 4-31 所示。

【制作步骤】

步骤14:打开"一层褶皱动画"的 Flash 文档(.fla 文件),一层褶皱的动画是由"左箭头""右箭头""岩层一"和"背景"4 个图层组成,为了避免错误,首先锁定所有图层,如图 4-32 所示。

步骤15:插入图层并置于"岩层一"图层的上方,修改名称为"岩层二",并绘制一条与岩层一同样长度的直线,修改其属性,操作如图 4-33 所示。

步骤16:在"岩层二"图层上插入关键帧,修改岩层的形状,创建补间形状,操

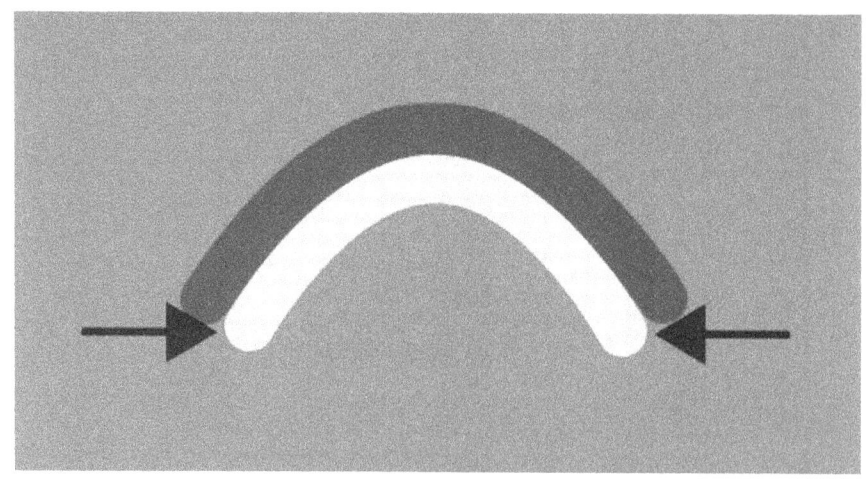

图 4-31 部分动画效果图

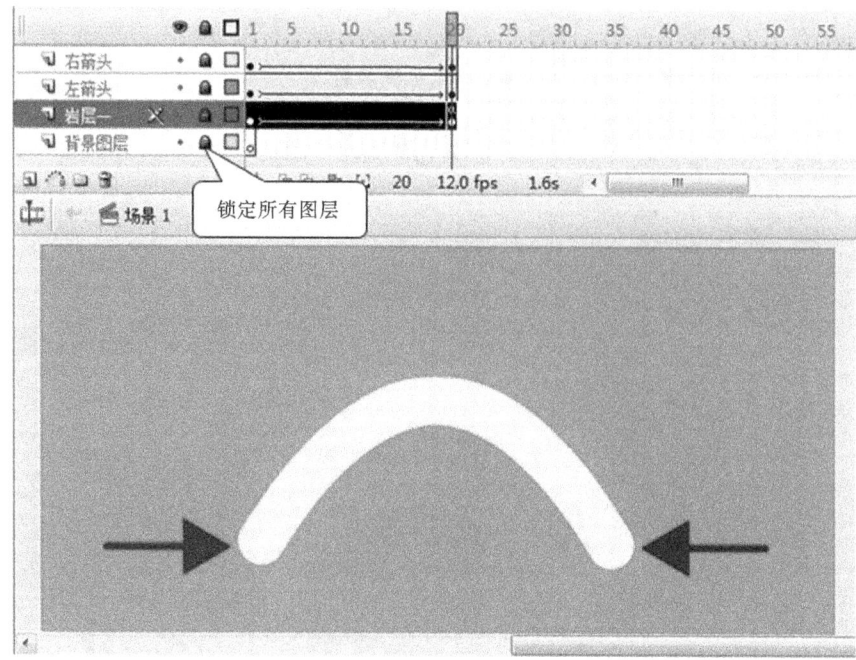

图 4-32 锁定所有图层

作如图 4-34 所示。

步骤 17：完成以上操作后，保存 Flash 文件，按 Ctrl＋Enter 预览动画或导出 Flash 动画影片。

【知识窗】

1）制作多层褶皱动画的要点：岩层与岩层之间不能存在缝隙。

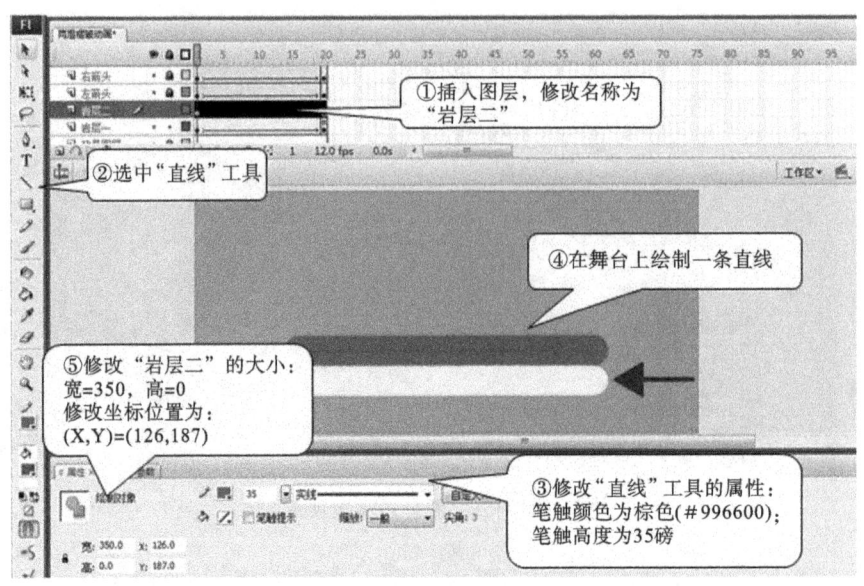

图 4-33　绘制岩层二

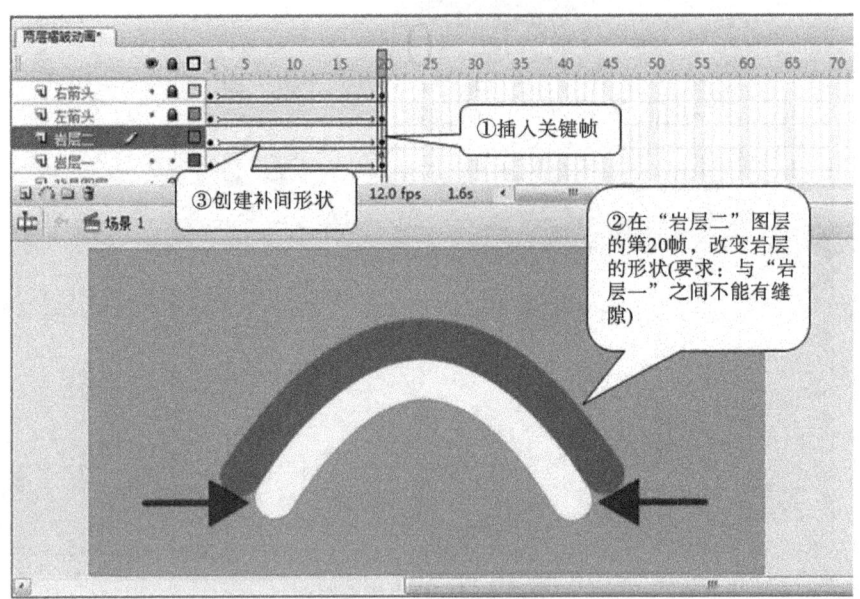

图 4-34　创建补间形状

这取决于两个岩层各个关键帧的图形位置,如果稍有错误,便会在褶皱弯曲过程中出现缝隙、位移等错误。

2) 制作多层褶皱动画的注意事项如下。

(1) 在褶皱动画制作过程中,先要把不操作的图层锁定,避免误选。

(2) 各个岩层的大小要一致或成一定比例顺序。

（3）在关键帧中进行岩层弯曲时不能过多地调整岩层两端，否则会在褶皱的过程中出现缝隙，影响动画效果，这是一个易错点。

第四节 "断层"动画制作示例

断层指的是地壳岩层因受力达到一定强度而发生断裂，并沿断裂面有明显相对移动的构造。通过本例课件的演示，能让学生更好地了解断层的形成。

通过本例的制作，能够让学生掌握如下 Flash 动画制作中的知识：

（1）导入文件到舞台；

（2）使用辅助网格绘制图形；

（3）插入按钮；

（4）使用颜料桶填充颜色；

（5）添加不同的动作命令，实现课件交互。

【制作思路】

断层按岩层位移的性质分为平移断层、正断层和逆断层，本例的断层动画分为两部分，分别是平移断层和逆断层动画，利用两个元件位移动画示意断层的形成过程。本例的难度在于绘制岩层，因此在绘制岩层时，要认真思考，尽量做到美观。成品动画的部分动画效果如图 4-35 所示。

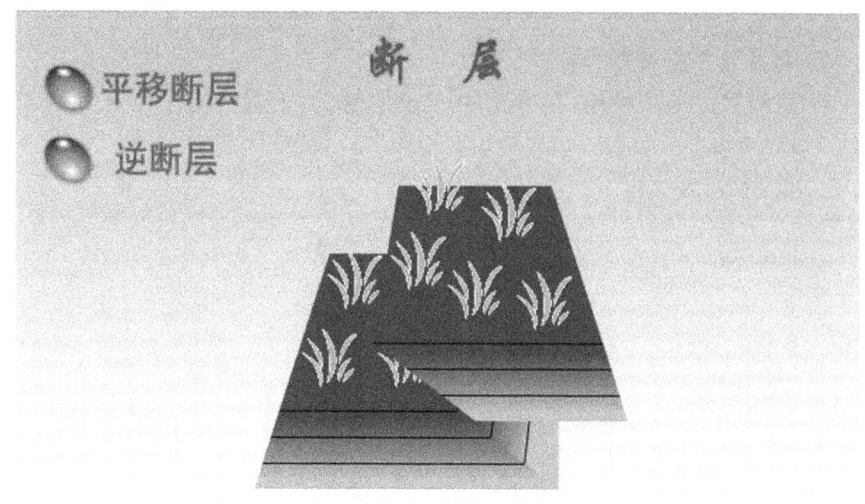

图 4-35 断层动画效果图

【制作步骤】

1. 设置文档属性

本例不使用默认的文档属性，因此要对 Flash 文件的文档属性进行调整。

步骤1：启动 Flash，单击开始界面上的"Flash 文件（ActionScript 2.0）"，进入"Flash 文件"的用户界面。

步骤2：参照图 4-36 所示设置文档属性。调整参数：舞台尺寸设置为 600×350 像素；背景颜色和帧频均使用默认值。

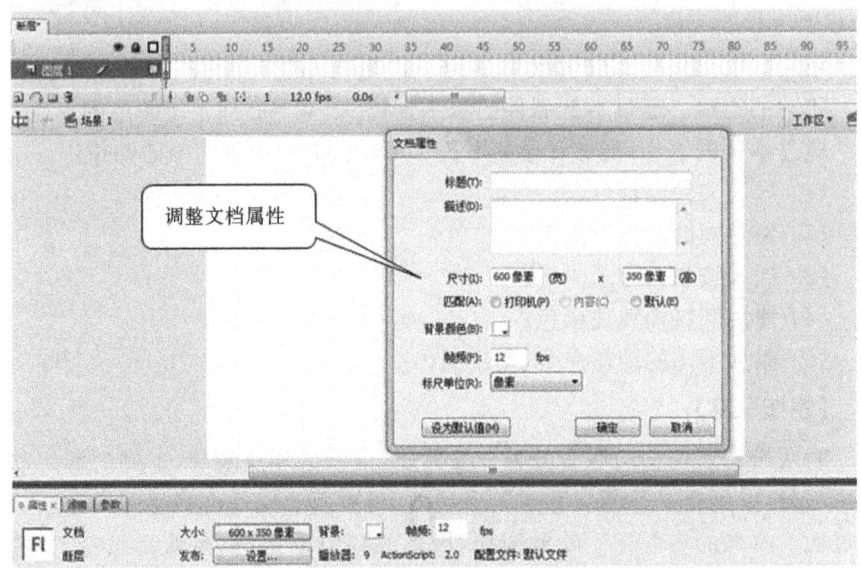

图 4-36　设置文档属性

2. 新建元件并绘制"岩层"

步骤3：接上一步操作，新建元件，修改名称为"下盘"，操作如图 4-37 所示。

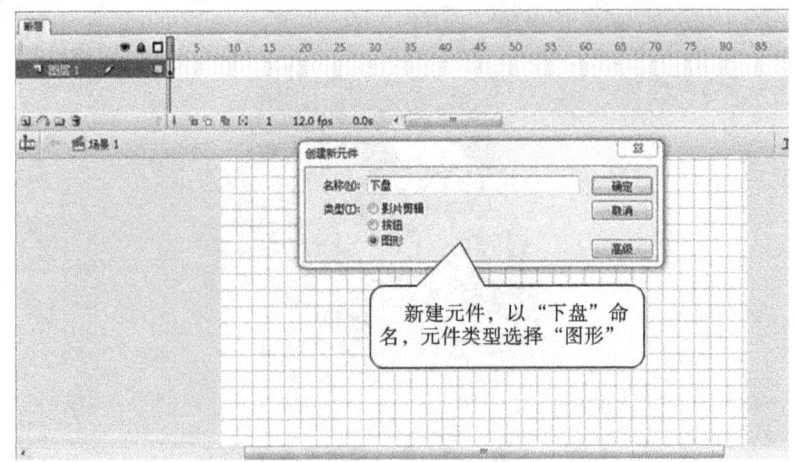

图 4-37　新建元件

步骤4：接上一步操作，在"下盘"编辑界面下，在舞台任意处右击，点击"网格"→"显示网格"，以及"贴紧"→"贴紧至网格"，操作如图 4-38 所示。

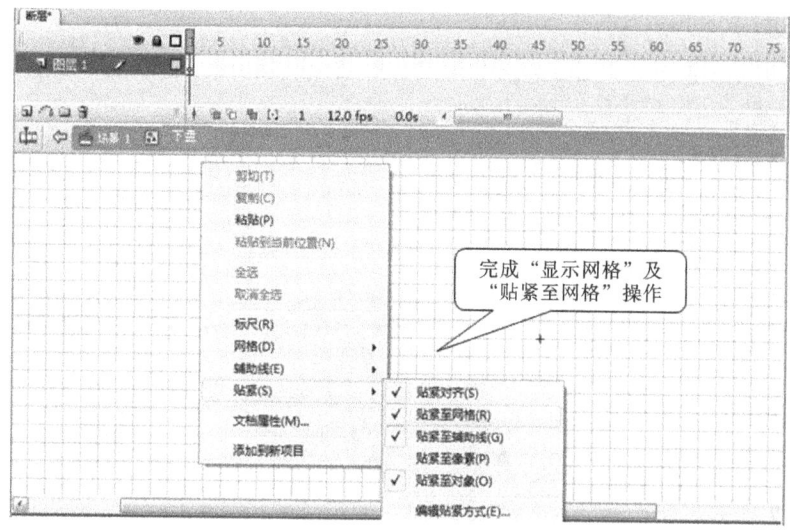

图 4-38　显示网格

步骤 5：接上一步操作，利用直线工具和网格绘制"下盘"。网格的数量要与"下盘"吻合，操作如图 4-39 所示。

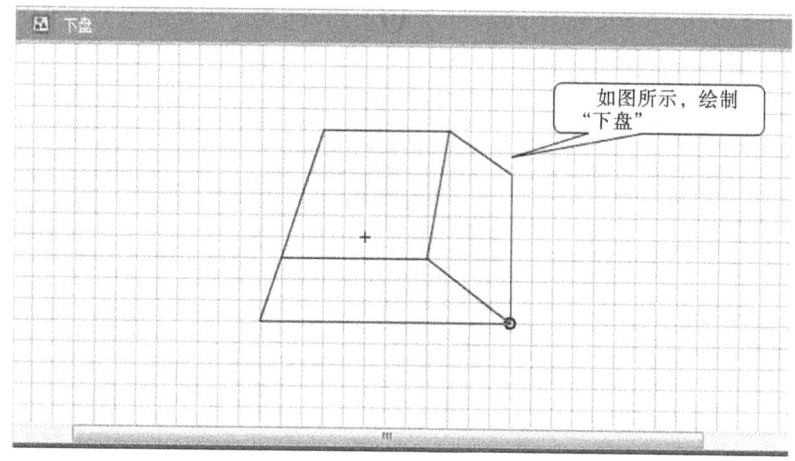

图 4-39　绘制"下盘"

步骤 6：接上一步操作，利用颜料桶工具，为"岩层"填充颜色，操作如图 4-40 所示。

步骤 7：接上一步操作，添加"岩层"层面线，如图 4-41 所示。

步骤 8：接上一步操作，为了使动画更美观，导入"草"图像文件到上盘，操作如图 4-42 所示。

步骤 9：接上一步操作，返回场景一，新建元件"上盘"，元件类型为"图形"，参照"下盘"元件的绘制方法绘制"上盘"，如图 4-43 所示。

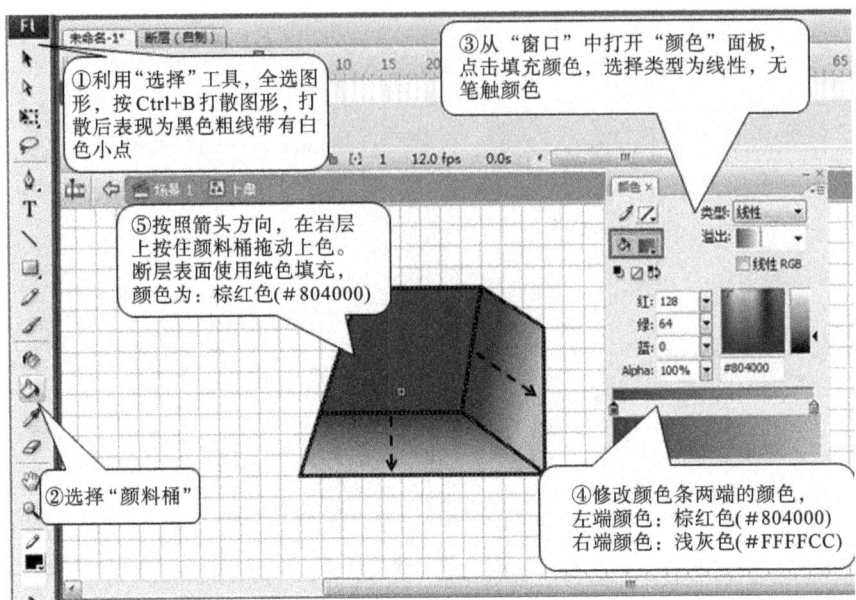

图 4-40　填充颜色

图 4-41　添加"岩层"层面线

步骤 10：接上一步操作，参照"上盘"的上色方法利用颜料桶为"下盘"填充颜色，操作如图 4-44 所示。

步骤 11：接上一步操作，添加岩层层面线，如图 4-45 所示。

步骤 12：参照"上盘"添加"草"的操作，从外部文件导入"草"到舞台，排列好。操作如图 4-46 所示。完成以上操作后，返回场景一。

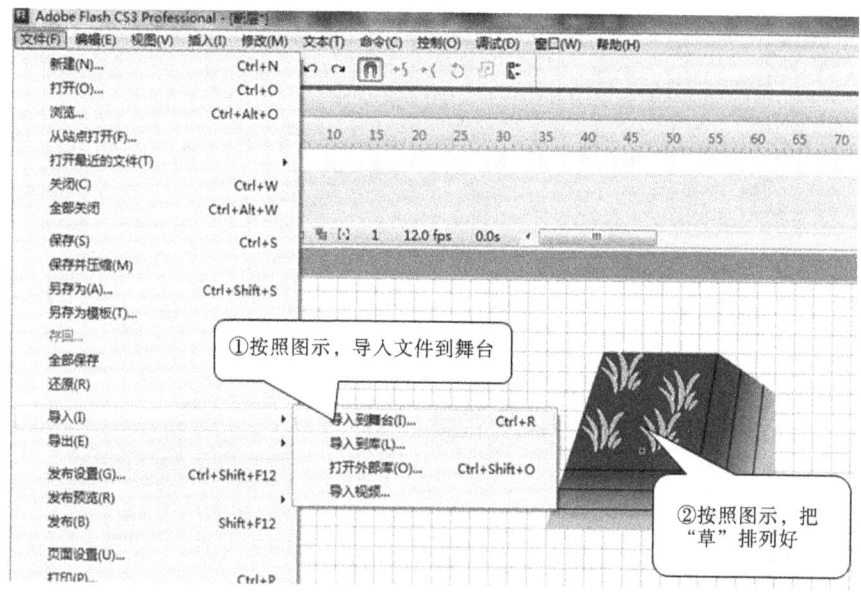

图 4-42　导入图像文件到舞台

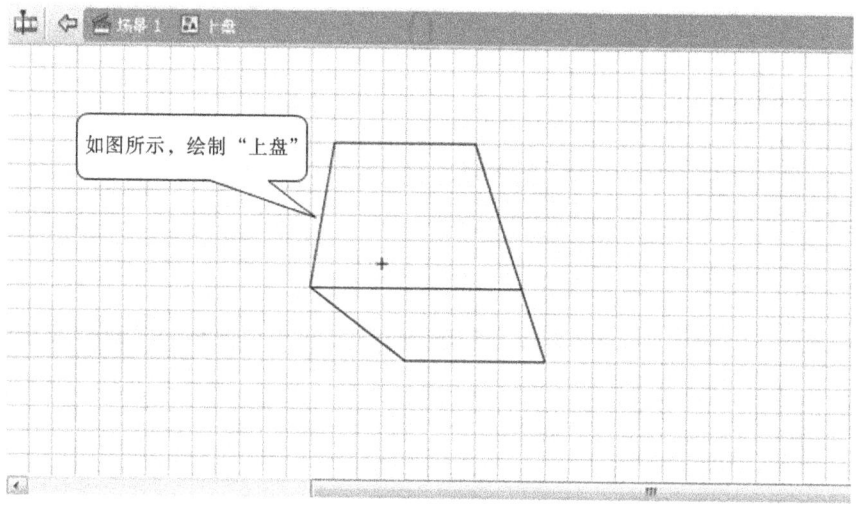

图 4-43　绘制"上盘"

【知识窗】

填充颜色时,要注意填充颜色的方向。

颜料桶无法使用的原因如下:

(1) 图层被锁定了;

(2) 边框没有闭合,使用工具栏的"磁铁"工具,使其闭合;

(3) 图形组合在一起了,可以全选图形再用快捷键 Ctrl+B 打散图形。

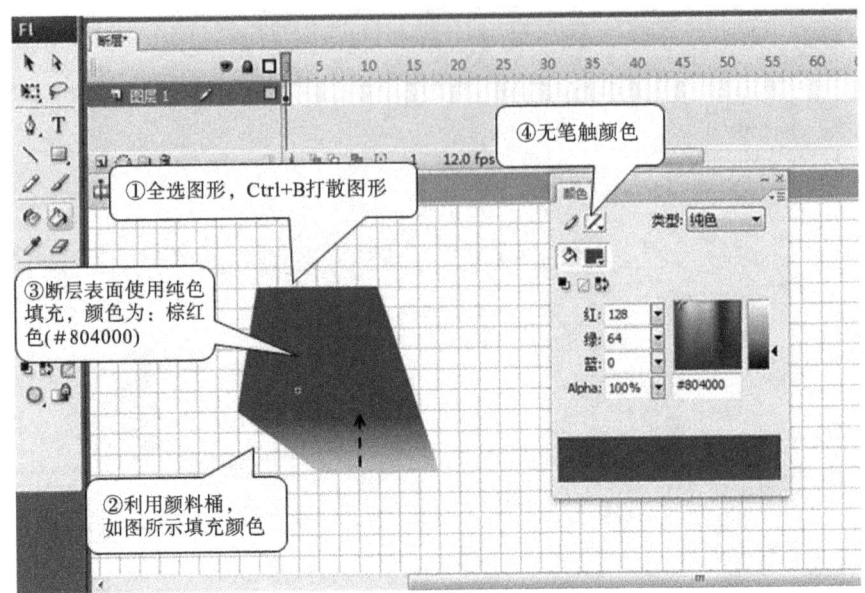

图 4-44　填充颜色

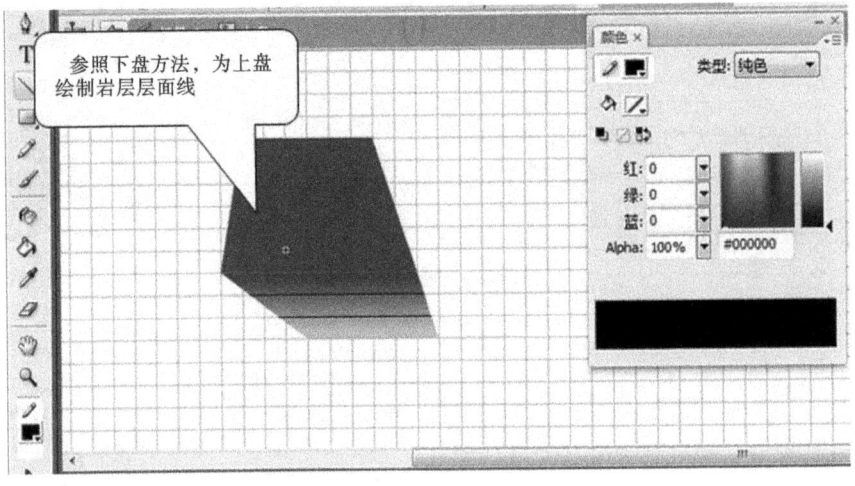

图 4-45　绘制"上盘"的岩层层面线

3. 制作断层动画

接下来,利用"上盘"与"下盘"元件制作平移断层和逆断层动画。

步骤 13:接上一步操作,新建元件,修改名称为"平移断层",选择元件类型为"影片剪辑",操作如图 4-47 所示。

步骤 14:接上一步操作,从库中添加"上盘"与"下盘"到舞台,分别置于不同图层,调整其位置,操作如图 4-48 所示。

步骤 15:接上一步操作,插入关键帧,制作平移断层动画,操作如图 4-49 所示。

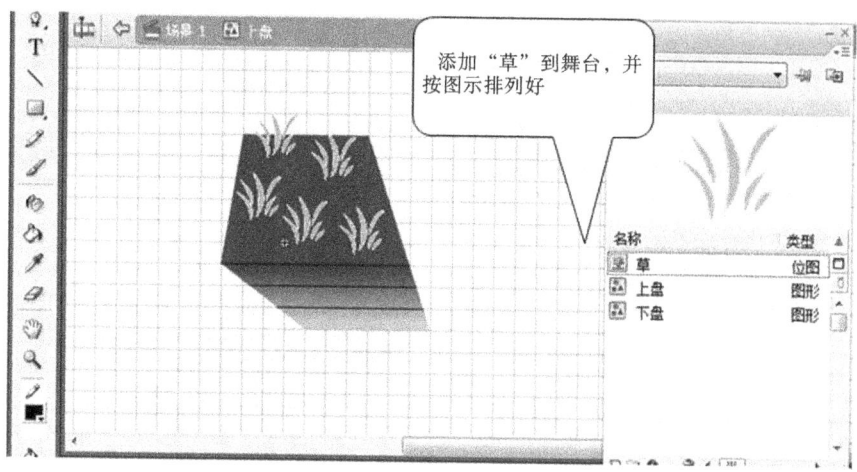

图 4-46 导入图像文件到舞台

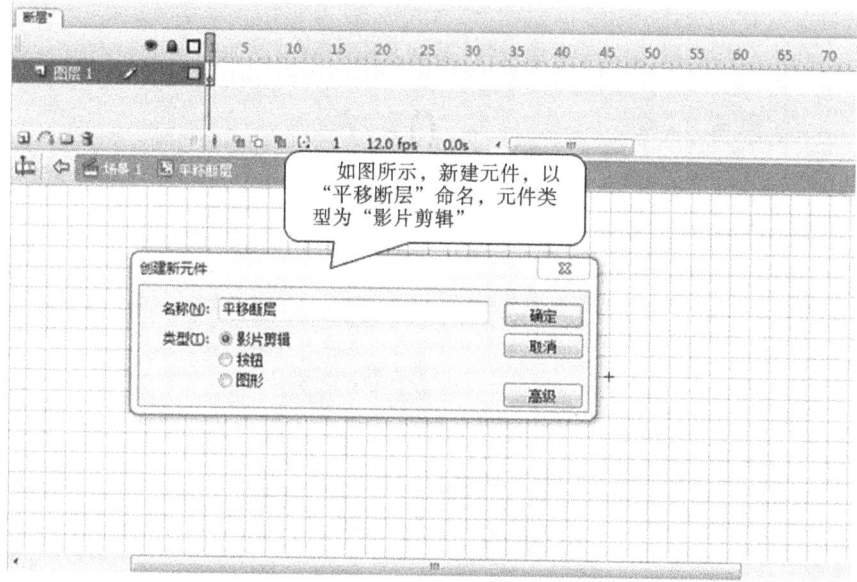

图 4-47 新建元件

步骤 16：完成上述操作后，返回场景一。接下来制作逆断层动画，参照"平移断层"的制作过程，新建元件，修改名称为"逆断层"，选择元件类型为"影片剪辑"，添加元件至不同图层。操作如图 4-50 所示。

步骤 17：接上一步操作，插入关键帧，制作逆断层动画，操作如图 4-51 所示。

步骤 18：完成以上操作后，双击进入元件，分别查看平移断层和逆断层的动画效果，如无错误，返回场景一，否则重复上述步骤，检查并修改错误。

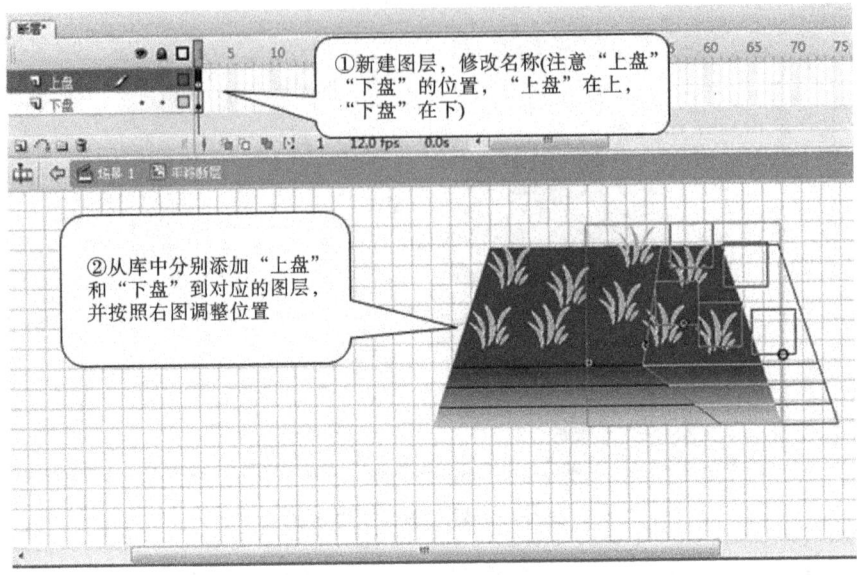

图 4-48　添加元件到舞台

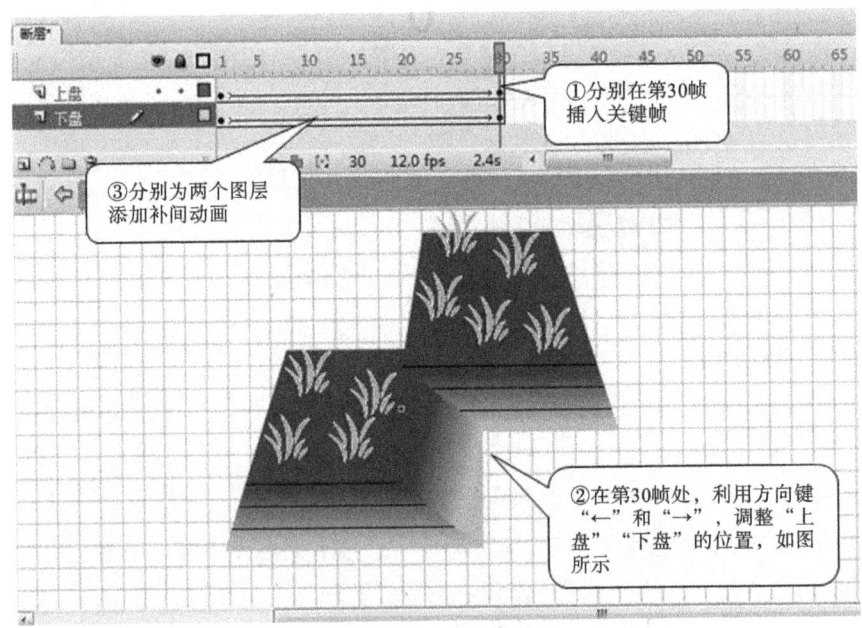

图 4-49　插入关键帧

4. 导入背景与添加元件到舞台

　　步骤 19：接上一步操作，导入"背景"到舞台，并修改图层名称，在"背景"图层的第 3 帧插入帧，操作如图 4-52 所示。

图 4-50　逆断层动画制作之添加元件

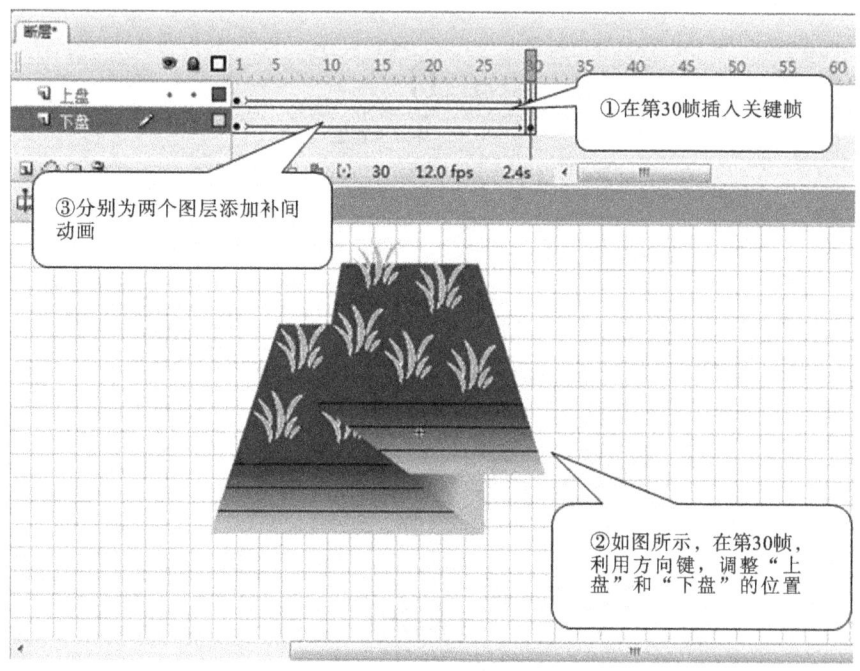

图 4-51　插入关键帧

　　步骤 20：接上一步操作，新建图层，修改名称为"断层"，在"断层"中，分别在第 2、3 帧插入关键帧，从库中添加元件到舞台，操作如图 4-53 所示。

　　步骤 21：接上一步操作，在"断层"图层的第 1 帧添加"上盘"和"下盘"元件，调整后进行组合。此时的第 1、2、3 帧的图形位置是一样的，区别是第 1 帧是图

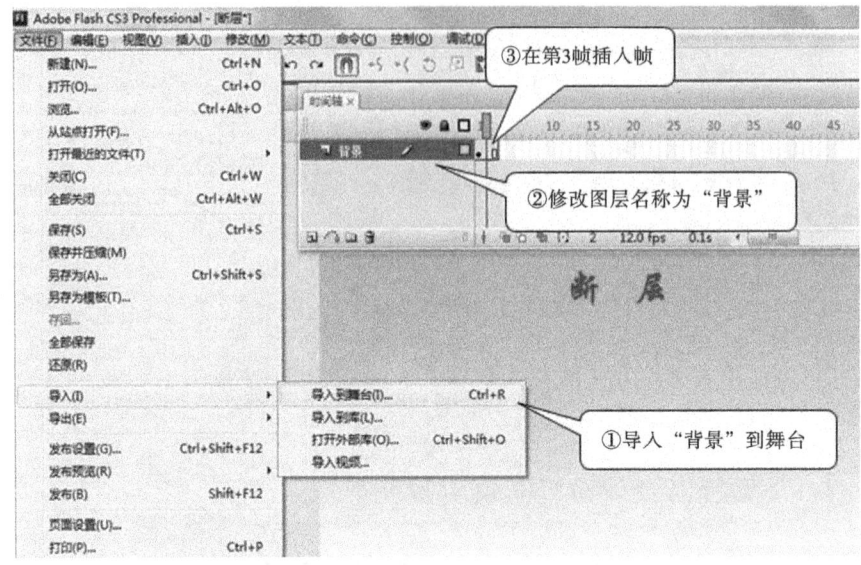

图 4-52　导入"背景"到舞台

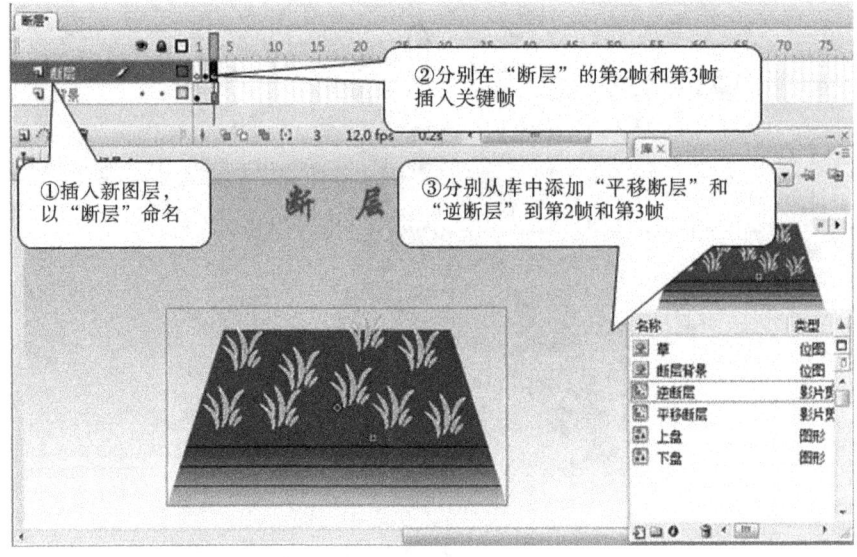

图 4-53　新建图层并添加元件

形元件,第 2 帧是"平移断层"动画,第 3 帧是"逆断层"动画。操作如图 4-54
所示。

5. 添加按钮并设置动作

步骤 22:接上一步操作,点击"背景"图层,从"窗口"→"公共库"中提取适合
的按钮,本例选择"Classic Buttons"→"Ovals"→"Oval buttons-bule"添加到舞
台,如图 4-55 所示。

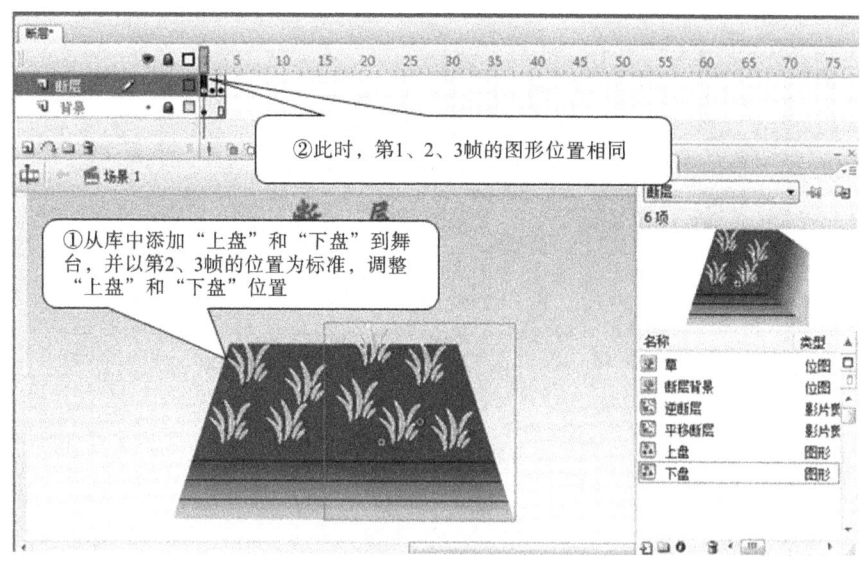

②此时，第1、2、3帧的图形位置相同

①从库中添加"上盘"和"下盘"到舞台，并以第2、3帧的位置为标准，调整"上盘"和"下盘"位置

图 4-54　添加元件

①打开公共库中的按钮面板，选择按钮

②直接拖动按钮到舞台，排列整齐，如图所示

图 4-55　添加按钮

步骤 23：接上一步操作，利用"文本"工具，添加文本，操作如图 4-56 所示。

【知识窗】

不同的文本类型会影响文本的使用，文本类型有"静态文本""动态文本"和"输入文本"三种。一般情况下，文本类型默认为"静态文本"，也可根据不同的需要更改，本例使用的文本是"静态文本"。

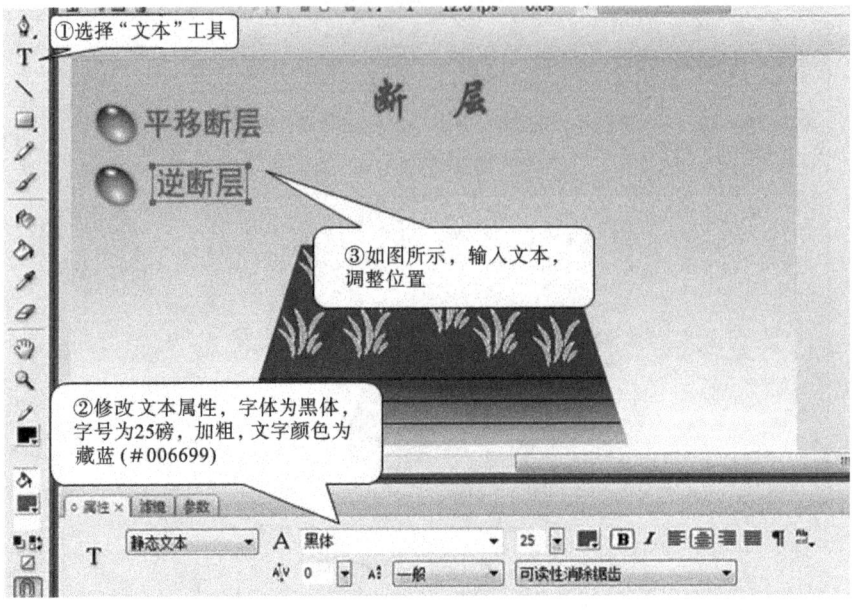

图 4-56　添加文本

步骤 24：接上一步操作，为按钮添加动作命令，操作如图 4-57 所示。

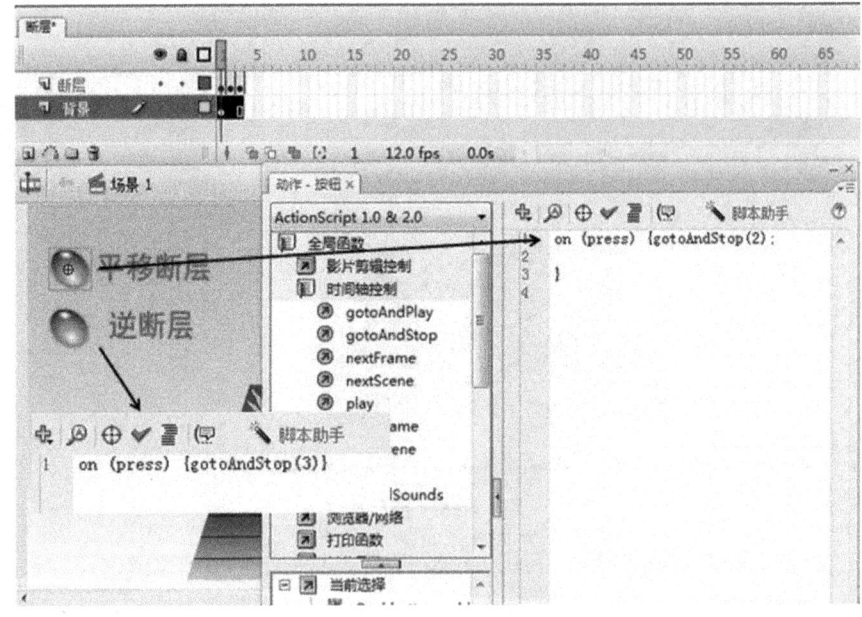

图 4-57　为按钮添加动作命令

　　步骤 25：接上一步操作，为"平移断层"和"逆断层"元件添加命令，操作如图 4-58 所示。

112

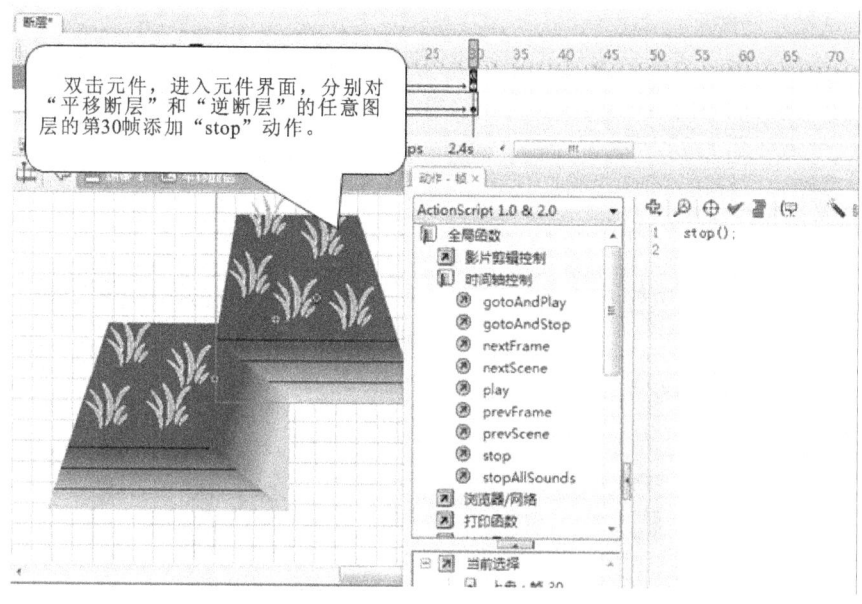

图 4-58　为元件添加命令

【知识窗】

关于动作命令,前面已经简单介绍了"stop"命令,本例中所需要的命令均可在"影片剪辑控制"和"时间轴控制"下找到。此外,也可以直接输入命令,但输入完成后要拼写检查,避免错误。

步骤 26:完成以上操作后,点击返回场景一。保存 Flash 文件,以"断层"命名,按 Ctrl+Enter 预览动画或导出 Flash 动画影片。

第五节　"水循环"动画制作示例

水循环指的是地球上不同地方上的水通过吸收太阳的能量,改变状态到地球另外一个地方。其中,水循环包括了五大环节:蒸发、水汽输送、降水、下渗和径流。本例通过汇总水循环知识,让学生更容易理解水循环过程。

本例制作难度中等,通过本例的制作学习,学生将会掌握如下 Flash 动画制作中的知识:

(1)制作运动箭头的方法;

(2)帧转换为关键帧的方法;

(3)复杂的图层操作过程;

(4)复杂的帧操作过程。

【制作思路】

本例动画主要包括水循环动画和水循环分类两大部分。为了充分表现出水循环是一个动态过程,对于每个环节,均使用动态的箭头表示其过程。成品部分动画效果如图 4-59 所示。

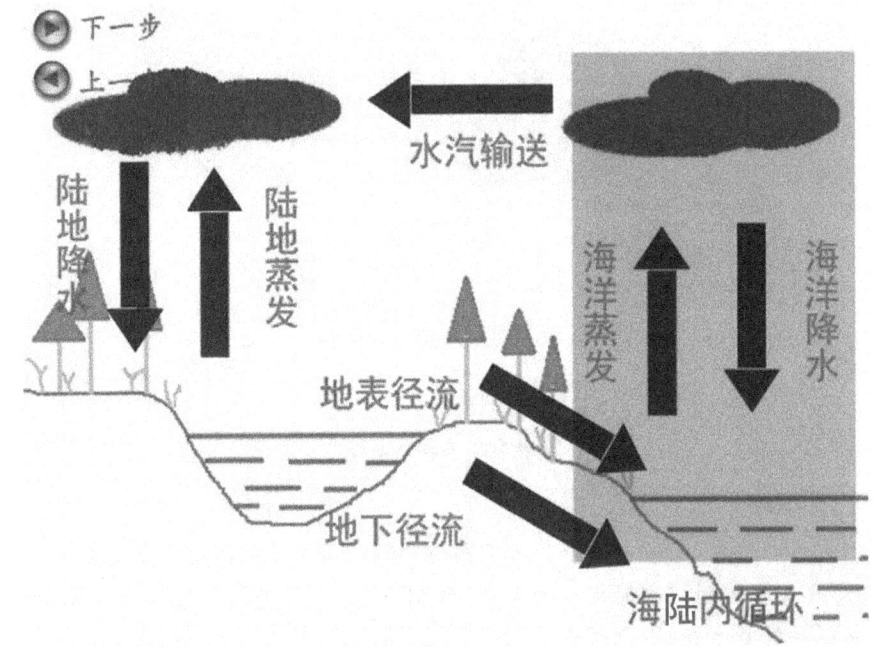

图 4-59 "水循环"效果图

【制作步骤】

1. 导入背景

本例不全使用默认的文档属性,因此需要对 Flash 文件的文档属性进行调整。

步骤 1:启动 Flash,单击开始界面上的"Flash 文件(ActionScript 2.0)",进入"Flash 文件"的用户界面。

步骤 2:参照图 4-60 所示,设置文档属性。调整参数:舞台尺寸设置为 600×450(像素);背景颜色和帧频均使用默认值。

步骤 3:接上一步操作,导入"背景"文件到舞台,操作如图 4-61 所示。

步骤 4:接上一步操作,修改图层名称为"背景",在第 22 帧插入帧。为了便于操作,建议把舞台的缩放比例设置为 80%,操作如图 4-62 所示。

【知识窗】

一般格式的图像文件都能导入到舞台,如 JPG、GIF、PNG 格式的文件等,

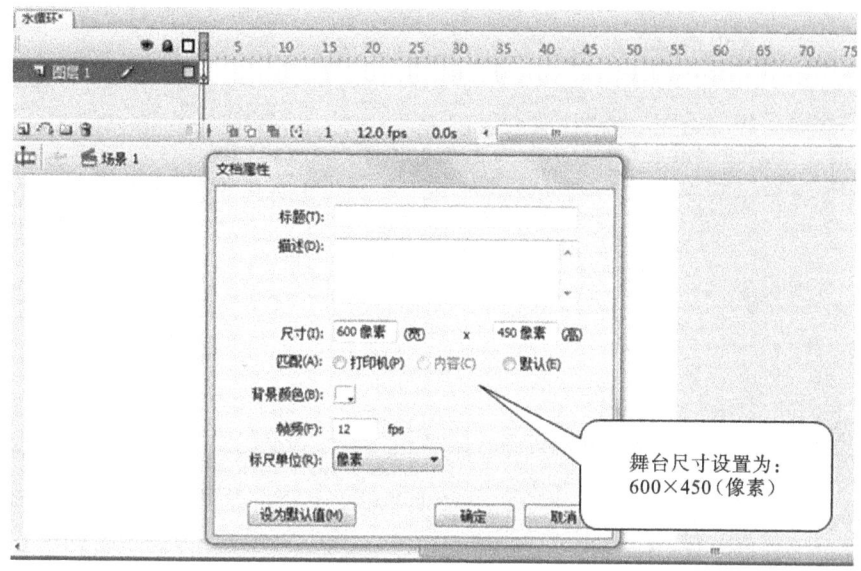

图 4-60　设置文档属性

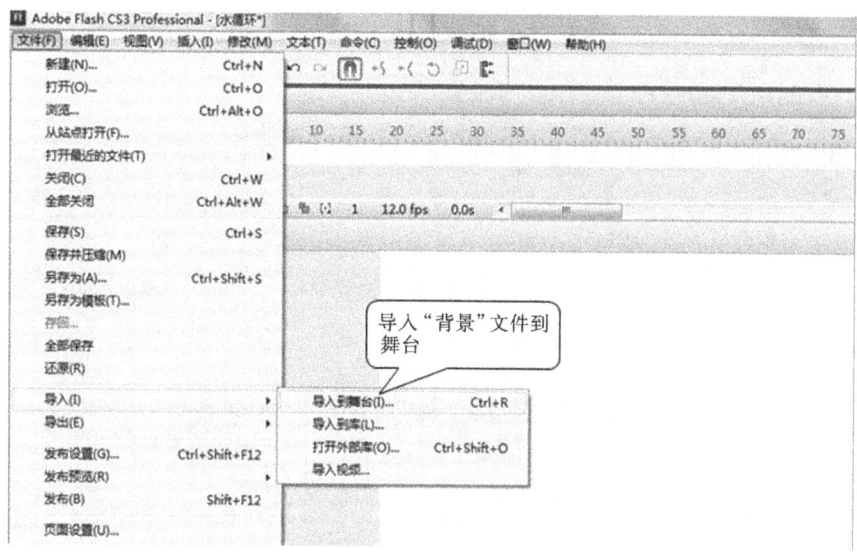

图 4-61　导入背景文件到舞台

本例所使用的背景图像文件均为 GIF 格式,而且其大小都已经根据舞台大小设置好。制作动画时,根据需要调整好舞台大小或导入文件的属性,可以让动画更美观。

2. 制作箭头元件

步骤 5:接上一步操作,新建元件,修改名称为"箭头",元件类型为"影片剪

115

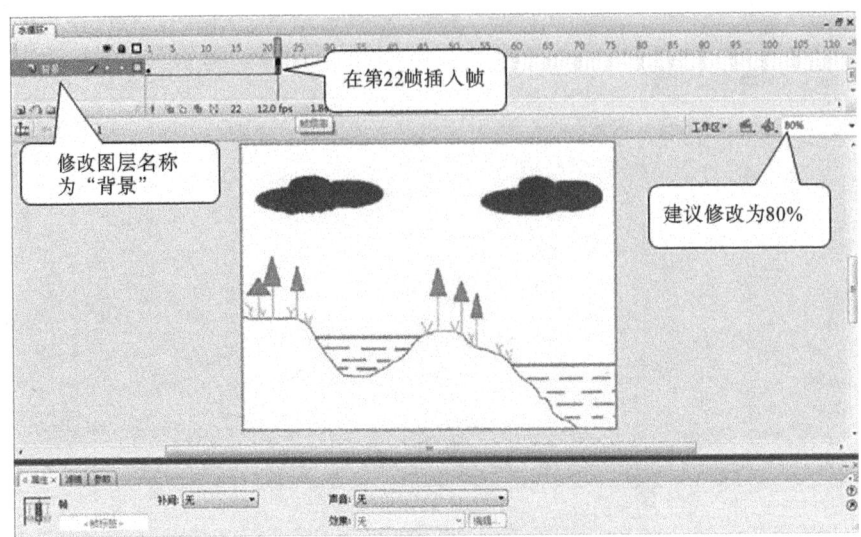

图 4-62　插入帧

辑",操作如图 4-63 所示。

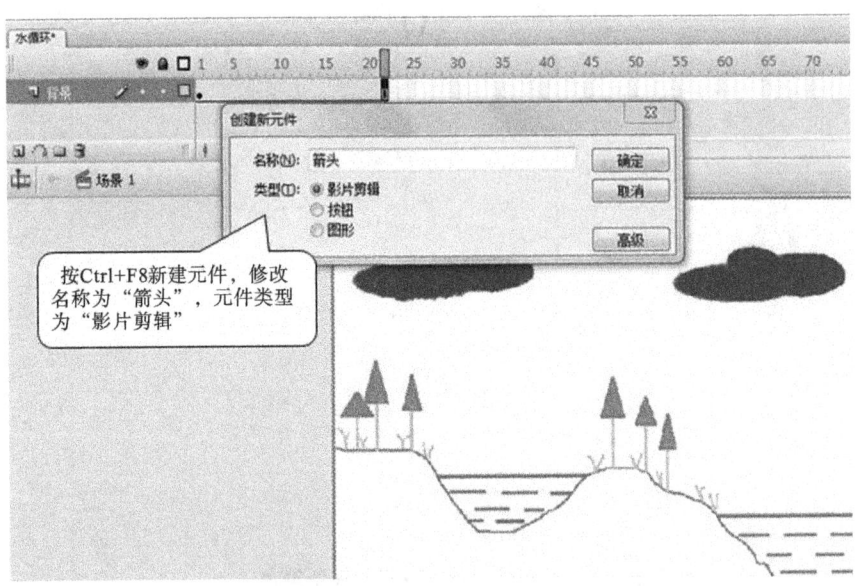

图 4-63　新建元件

步骤 6：接上一步操作，利用绘图工具栏中的工具绘制箭头，操作如图 4-64 所示。

步骤 7：接上一步操作，制作活动箭头，操作如图 4-65 所示。

步骤 8：接上一步操作，在第 10 帧添加"stop"命令，完成以上操作后，可以按

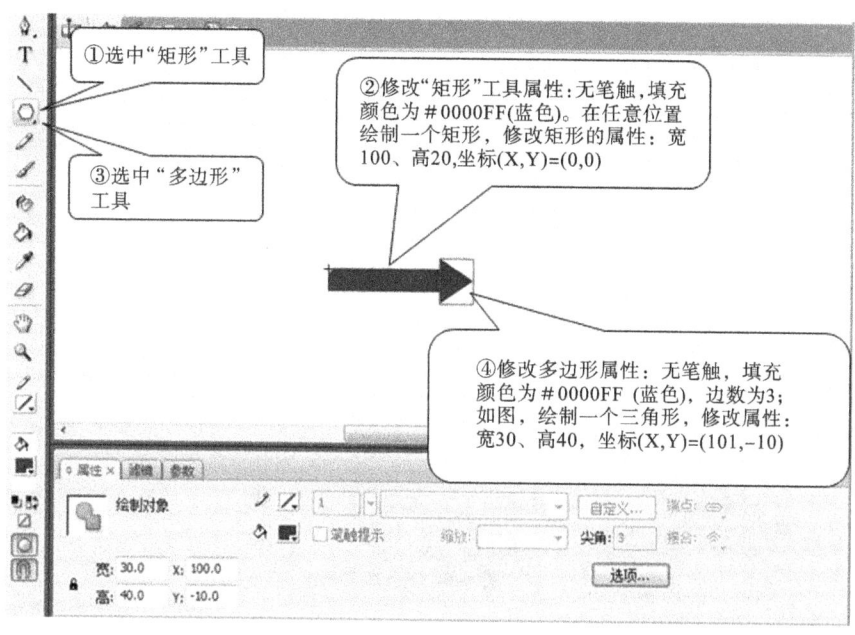

图 4-64 绘制箭头

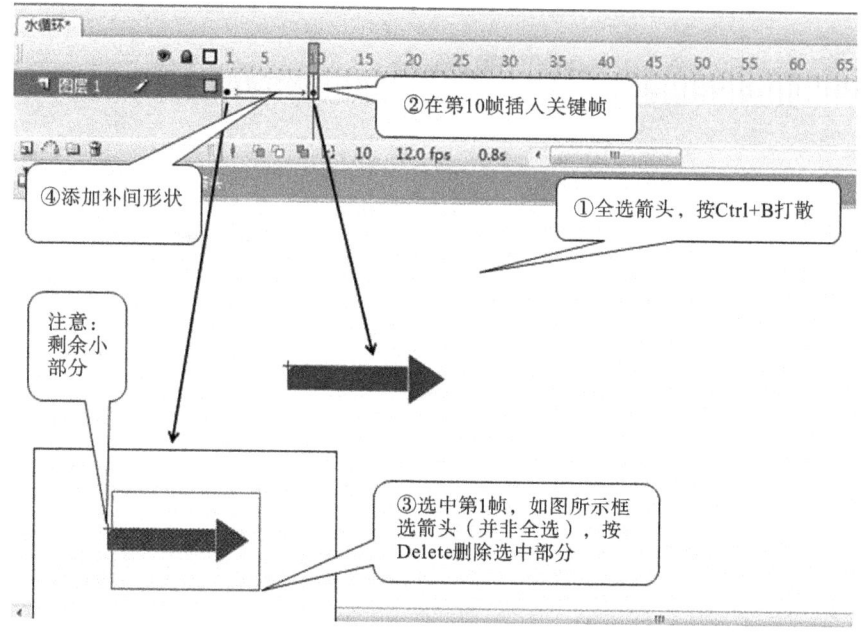

图 4-65 制作活动箭头

Enter 键,预览箭头的动画效果,操作如图 4-66 所示。

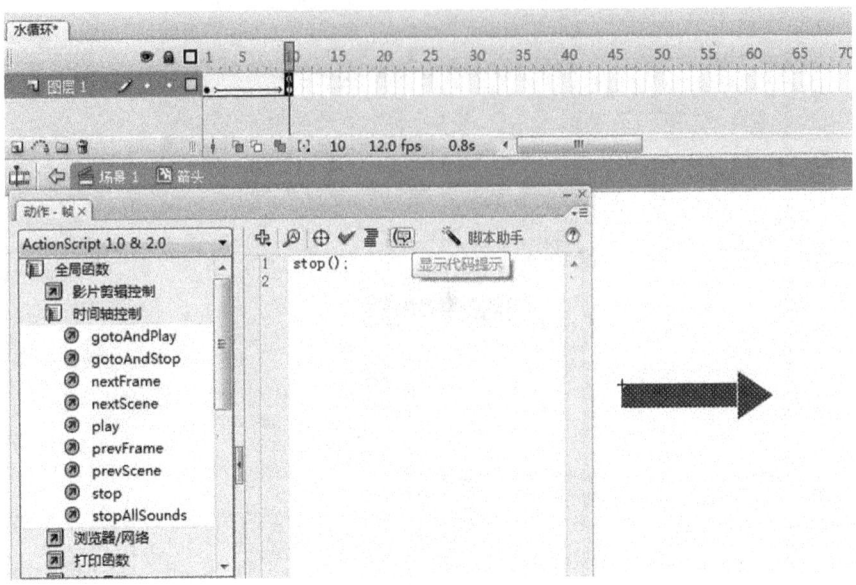

图 4-66　添加命令

3. 添加按钮图层

步骤 9：接上一步操作，新建图层，修改名称为"按钮"，操作如图 4-67 所示。

图 4-67　新建图层

步骤 10：接上一步操作，从公共库中添加按钮到舞台，本例所使用的按钮路径为"Classic Buttons"→"Play Back"→"Gel Left"和"Gel Right"。

添加后,坐标修改为 gel right(24,60)、gel left(24,25),操作如图 4-68 所示。

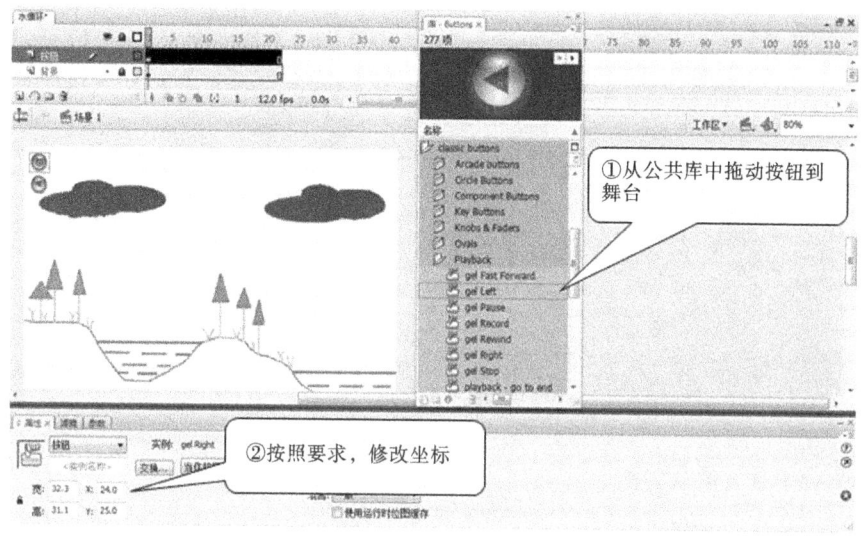

图 4-68 添加按钮

步骤 11:接上一步操作,添加动作命令到按钮,选中右按钮,输入命令,命令中的"nextframe"是"转到下一帧"的意思,而"preframe"是"转到上一帧"的意思,操作如图 4-69 所示。

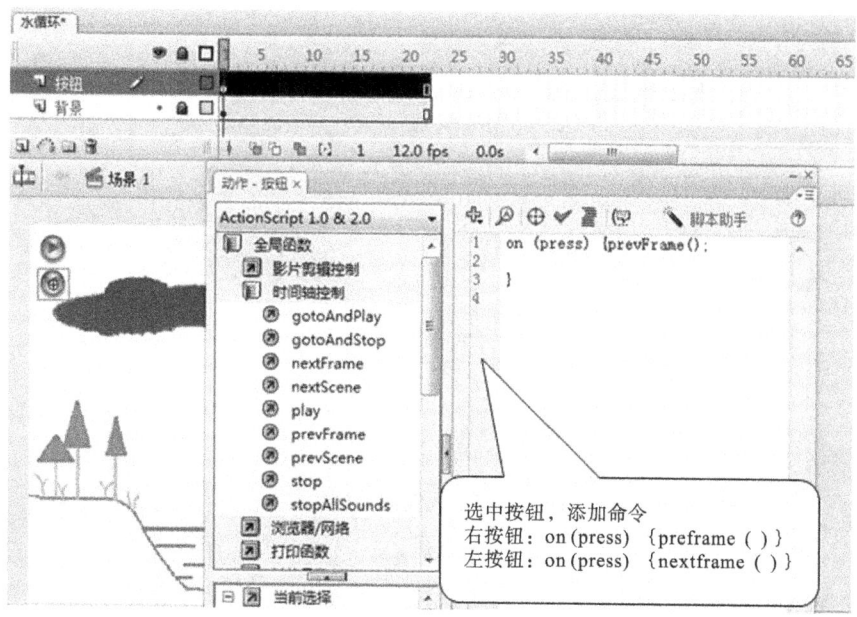

图 4-69 添加动作命令

步骤 12：接上一步操作，添加文本为按钮说明，操作如图 4-70 所示。

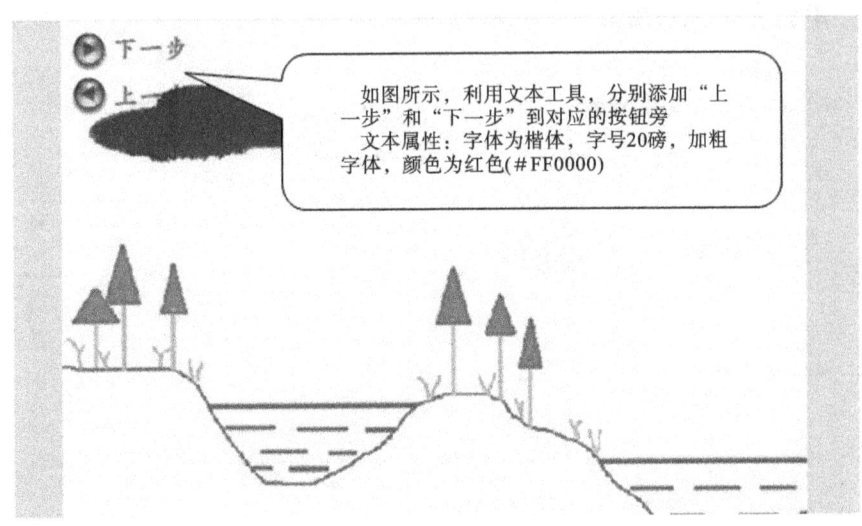

如图所示，利用文本工具，分别添加"上一步"和"下一步"到对应的按钮旁
文本属性：字体为楷体，字号20磅，加粗字体，颜色为红色(#FF0000)

图 4-70 添加文本

4. 添加"水运动"图层

步骤 13：接上一步操作，返回场景一。添加图层，修改名称为"水运动"，操作如图 4-71 所示。

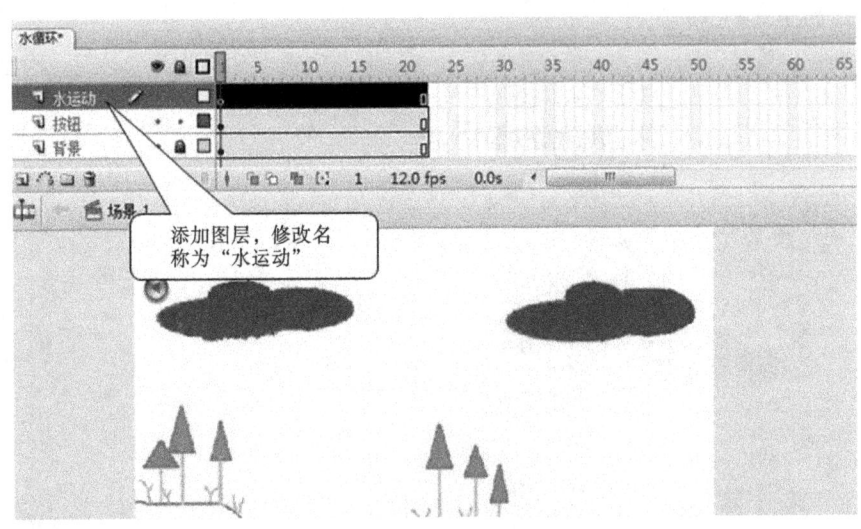

添加图层，修改名称为"水运动"

图 4-71 插入图层并修改名称

步骤 14：接上一步操作，添加箭头和命令，如图 4-72 所示。

步骤 15：接上一步操作，添加文字和命令，如图 4-73 所示。

步骤 16：如此类推，再加箭头、文字和命令。分别制作"海洋降水""水汽输

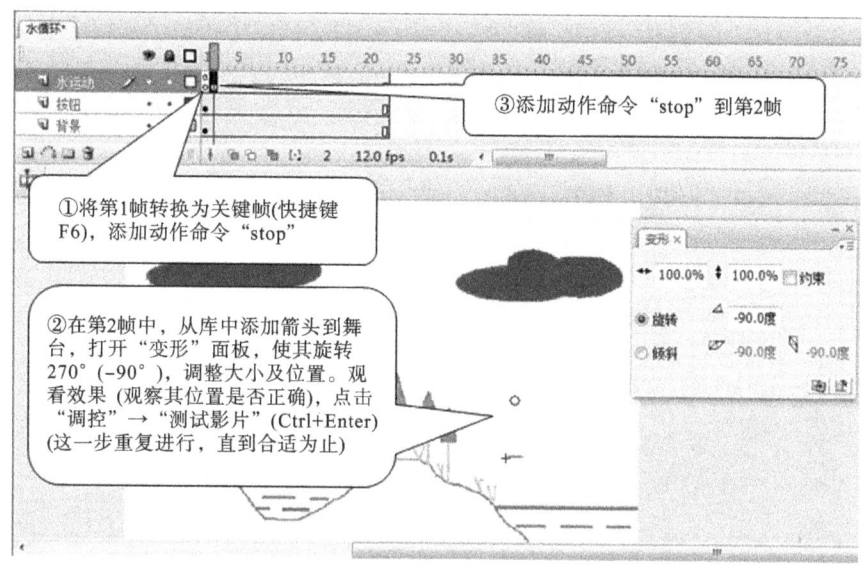

③添加动作命令"stop"到第2帧

①将第1帧转换为关键帧(快捷键F6)，添加动作命令"stop"

②在第2帧中，从库中添加箭头到舞台，打开"变形"面板，使其旋转270°(-90°)，调整大小及位置。观看效果(观察其位置是否正确)，点击"调控"→"测试影片"(Ctrl+Enter)(这一步重复进行，直到合适为止)

图 4-72　添加箭头和命令

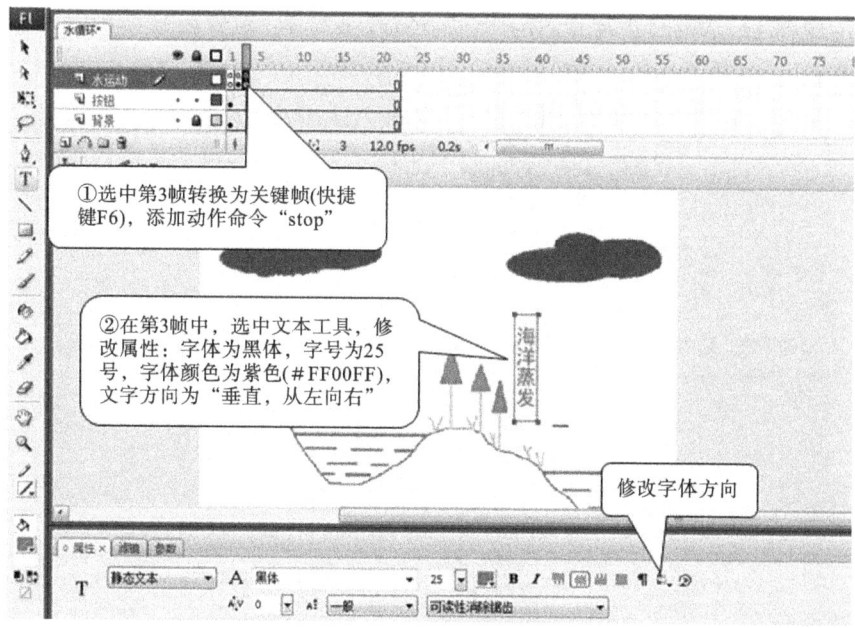

①选中第3帧转换为关键帧(快捷键F6)，添加动作命令"stop"

②在第3帧中，选中文本工具，修改属性：字体为黑体，字号为25号，字体颜色为紫色(#FF00FF)，文字方向为"垂直，从左向右"

修改字体方向

图 4-73　添加文本和命令

送""陆地降水""陆地蒸发""地表径流"和"地下径流"(完成后应到第 15 帧)，完成后效果如图 4-74 所示。

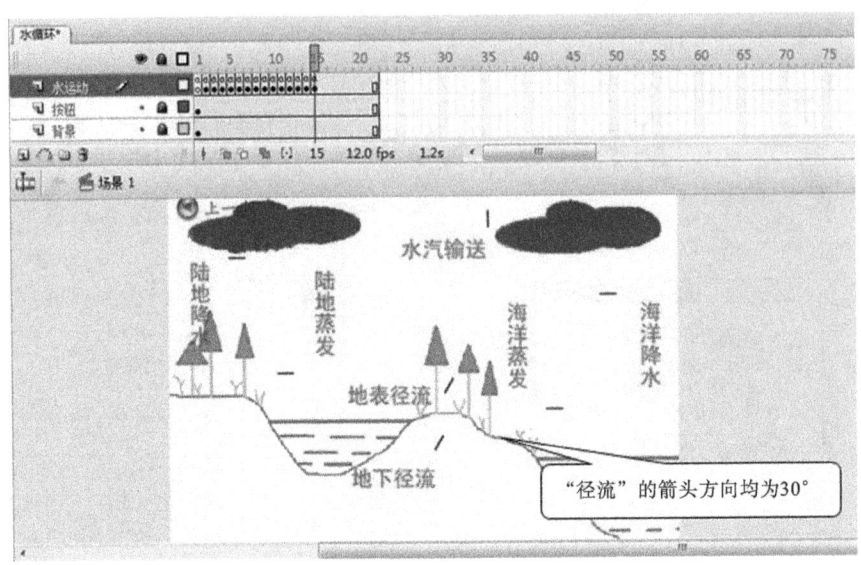

图 4-74　添加箭头、文字和命令

5. 添加"划分区域"图层

步骤 **17**：接上一步操作，添加图层，修改名称为"划分区域"，操作如图 4-75 所示。

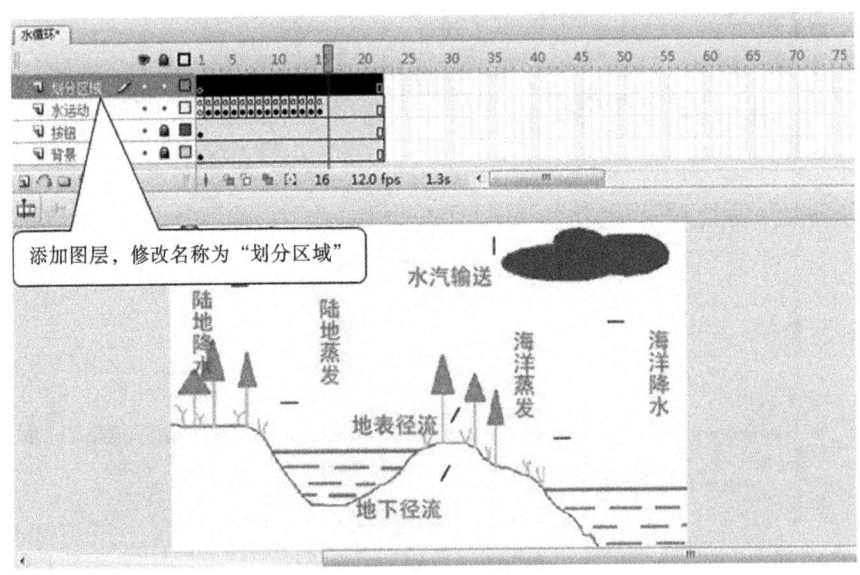

图 4-75　添加图层

步骤 **18**：接上一步操作，在"划分区域"图层中，把帧转换为关键帧，绘制图形代表区域，操作如图 4-76 所示。

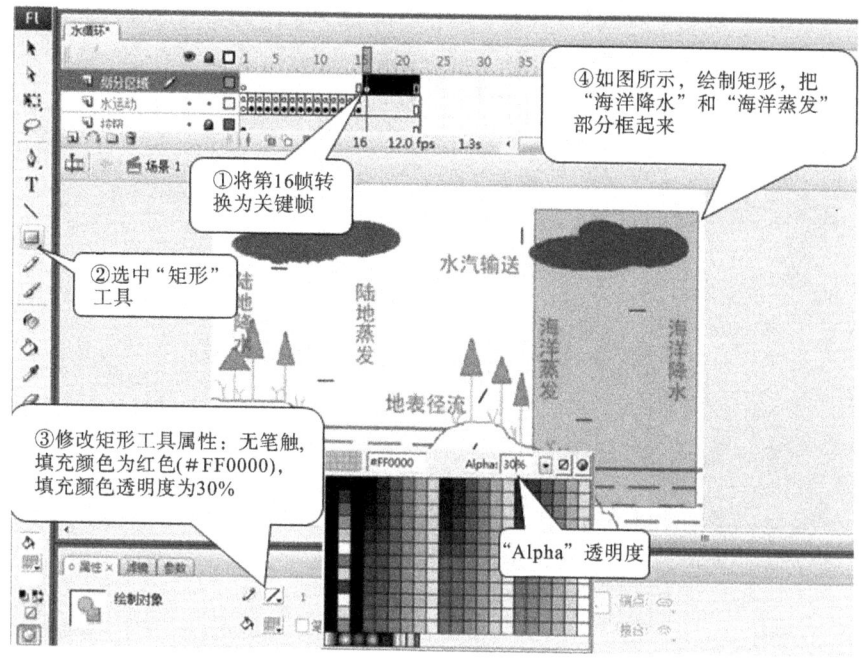

图 4-76　绘制图形

步骤 19：接上一步操作，将"划分区域"图层第 17 帧转换为关键帧，插入区域说明文字，添加动作命令，操作如图 4-77 所示。

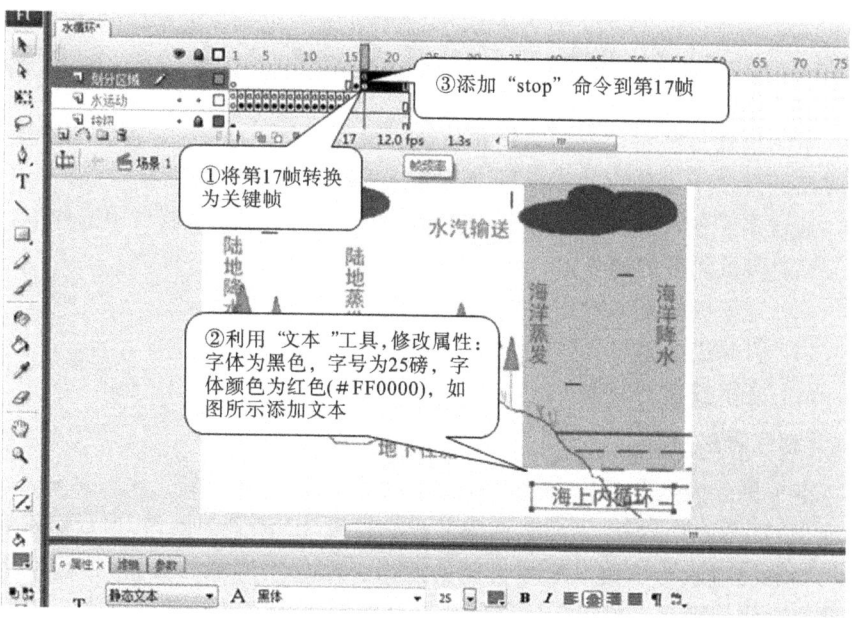

图 4-77　插入关键帧并设置动作

步骤 20：接上一步操作，在第 18 帧中，删除"海上内循环"区域，重新绘制"海陆间循环"区域。以此类推，绘制"海陆间循环"和"陆地内循环"区域，完成后效果如图 4-78 所示。

图 4-78　效果图

步骤 21：完成操作后，以"水循环"命名，保存动画。按 Ctrl＋Enter 预览动画。

第六节　"地球的自转与公转"制作示例

本示例通过演示地球的自转和公转的模型动画，让学生更容易理解知识点，同时能够开发学生的空间想象思维和逻辑思维。

通过本示例动画的制作，学生将会掌握如下 Flash 动画制作中的知识：

（1）多重元件的操作；

（2）遮罩层的基本操作及应用；

（3）引导层的基本操作及应用；

（4）文字按钮的制作。

【制作思路】

本示例分为两个部分，分别是地球的自转和地球的公转。Adobe Flash 不是一个 3D 动画制作软件，因此软件内并没有设置 3D 动画的操作，本示例将演示如何巧妙地使用遮罩帧做出地球自转的效果。而对于地球的公转，将利用引导层来模拟星体的运行。本示例还将使用文字按钮来增强动画的交互性。成品动画的部分动画效果如图 4-79 所示。

图 4-79 公转动画效果图

【制作过程】

1. 设置文档属性

根据需要修改文档属性。

步骤 1：启动 Flash，单击开始界面上的"Flash 文件（ActionScript 2.0）"，进入"Flash 文件"的用户界面。

步骤 2：参照图 4-80 所示，设置文档属性。调整参数：舞台尺寸设置为 600×400（像素）；背景颜色和帧频均使用默认值。

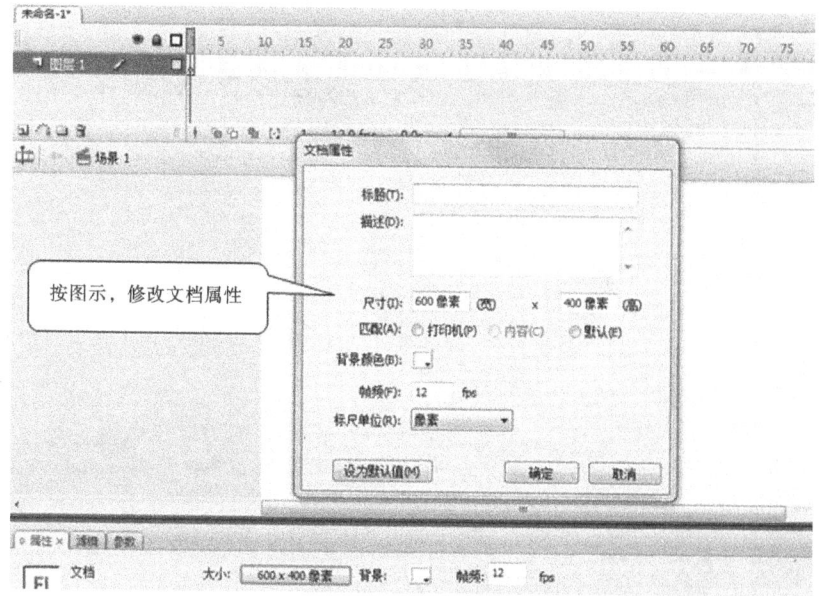

图 4-80 设置文档属性

2. 新建元件

步骤 3：接上一步操作，新建元件，修改元件名称为"地球体"，元件类型为"图形"，操作如图 4-81 所示。

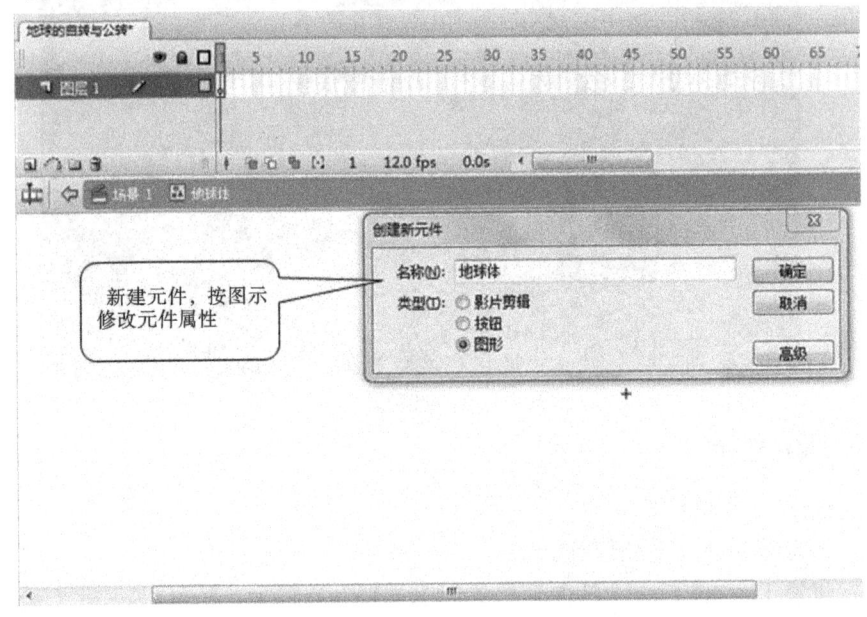

新建元件，按图示
修改元件属性

图 4-81　新建元件

步骤 4：接上一步操作，在"地球体"元件界面内，利用"椭圆"工具，修改属性，绘制一个正圆形，修改尺寸大小为高、宽均为 250 像素，操作如图 4-82 所示。

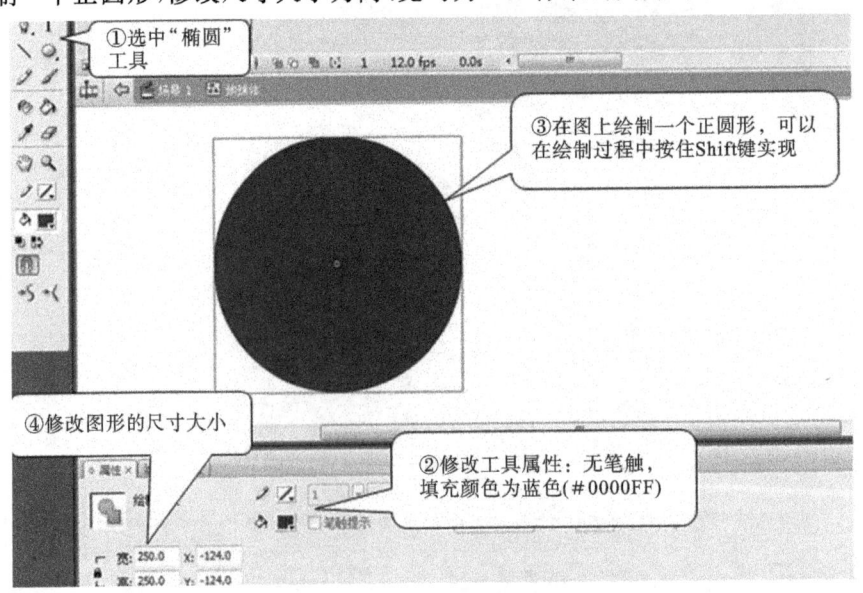

①选中"椭圆"工具

③在图上绘制一个正圆形，可以在绘制过程中按住Shift键实现

④修改图形的尺寸大小

②修改工具属性：无笔触，填充颜色为蓝色(#0000FF)

图 4-82　绘制图形

【知识窗】

绘制图形时,如要绘制正圆等规则图形,可以在绘制过程中始终按住 Shift 键来实现。

步骤 5:接上一步操作,返回场景 1。新建元件,修改名称为"地球自转",元件类型为"影片剪辑",操作如图 4-83 所示。

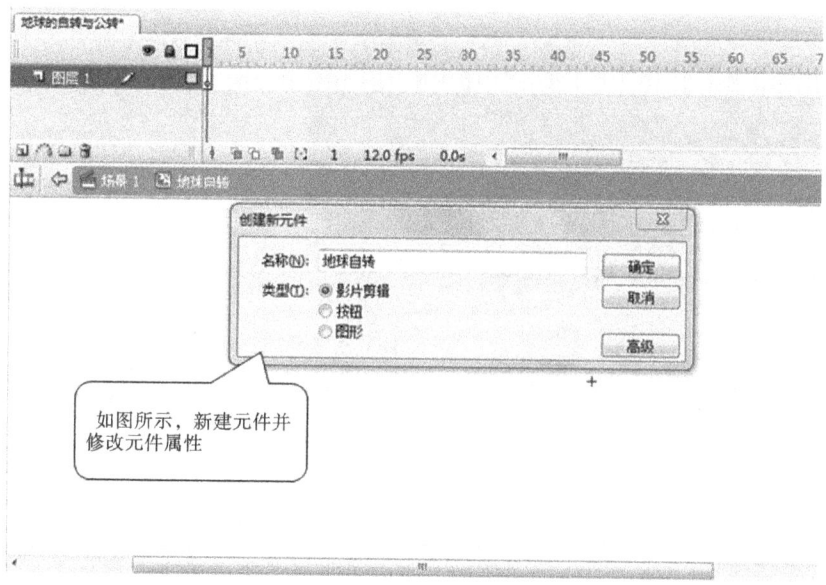

图 4-83　新建元件

步骤 6:接上一步操作,插入图层并修改名称。从库中添加"地球体"到舞台,导入"世界地图"到舞台,操作如图 4-84 所示。

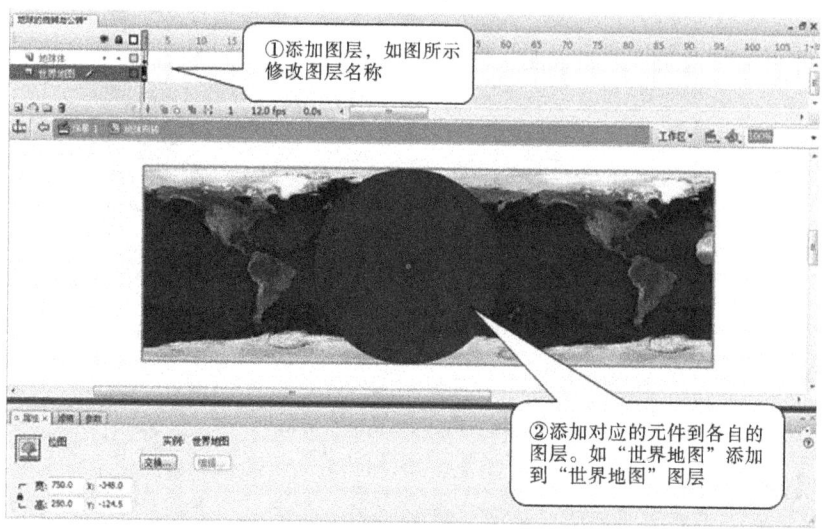

图 4-84　添加图层并修改名称

127

步骤 7：接上一步操作，在各个图层的第 50 帧插入关键帧，调整元件位置。注意"世界地图"的位置会直接影响到地球自转动画的方向。操作如图 4-85 所示。

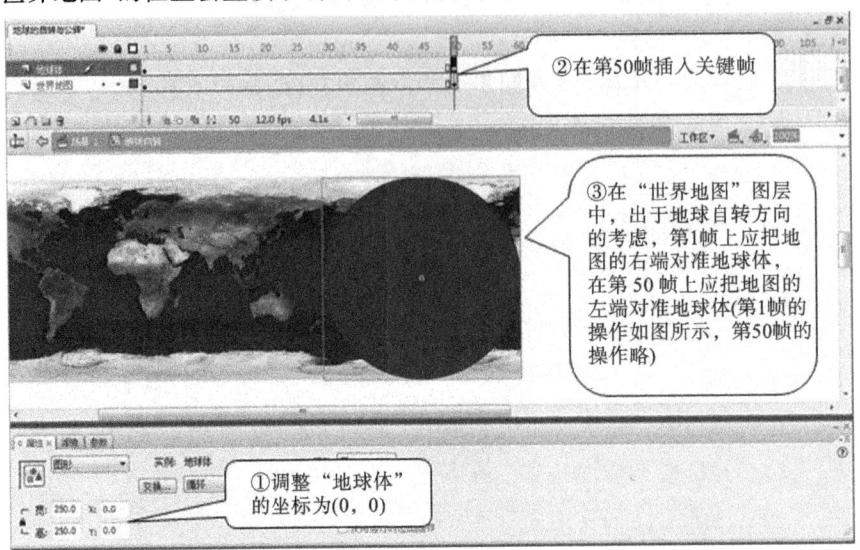

图 4-85 插入关键帧

步骤 8：接上一步操作，在"世界地图"图层中添加补间动画，设置"地球体"图层为遮罩层，操作如图 4-86 所示。

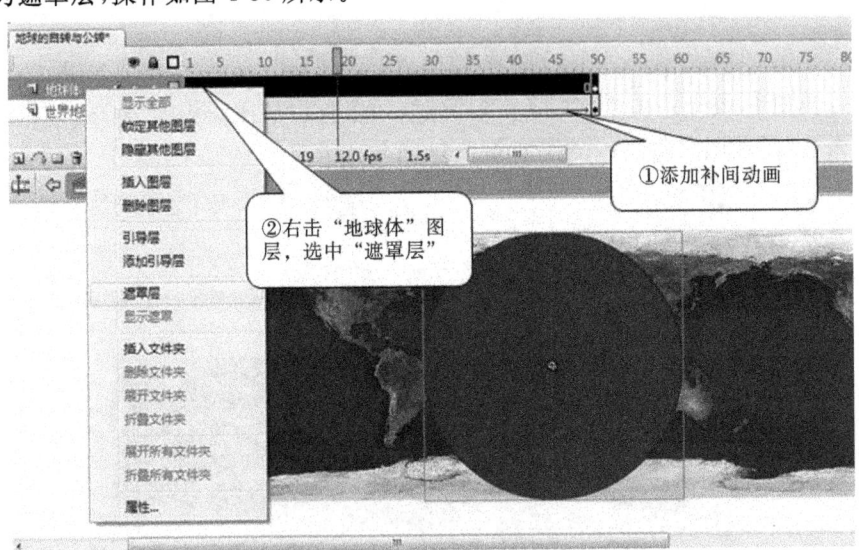

图 4-86 添加补间动画

【知识窗】

遮罩层是指可以将与遮罩层相链接的图形中的图像遮盖起来的图层。巧妙地使用遮罩层可以做出多种多样的效果。

　　完成以上操作后效果如图 4-87 所示。

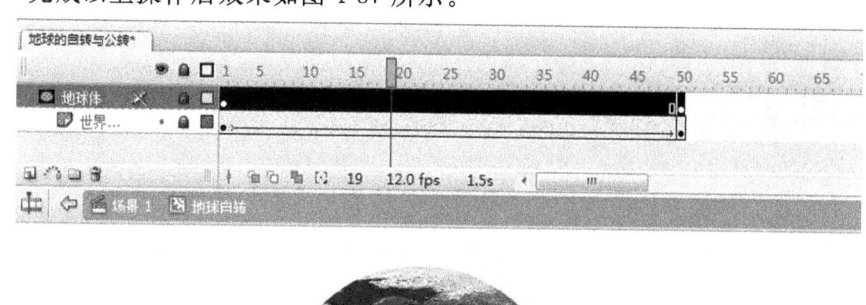

图 4-87　完成效果图

　　步骤 9：接上一步操作，返回场景 1。新建元件，修改名称为"太阳"，元件类型为"图形"，并绘制一个正圆形，操作如图 4-88 所示。

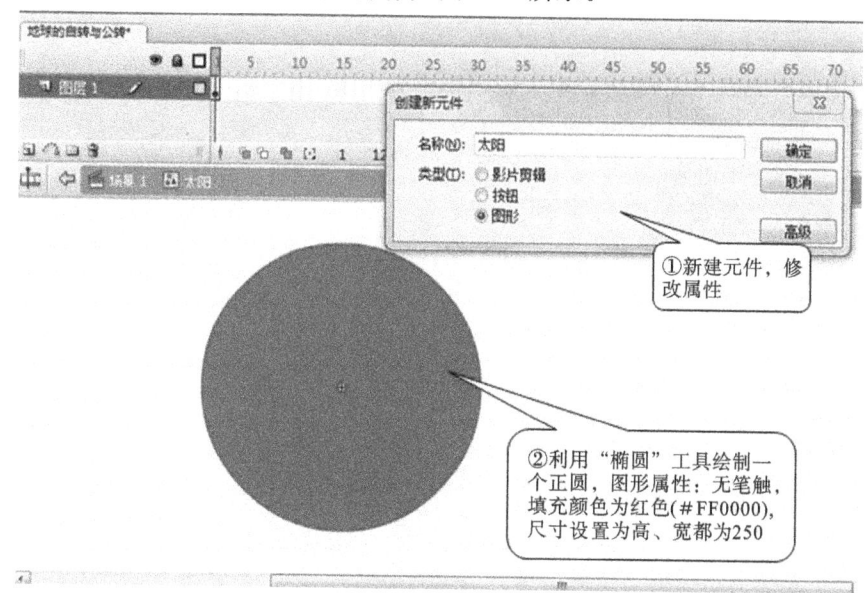

图 4-88　新建元件

步骤 10：接上一步操作，返回场景 1。新建元件，修改名称为"地球公转"，元件类型为"影片剪辑"，插入图层并修改名称，操作如图 4-89 所示。

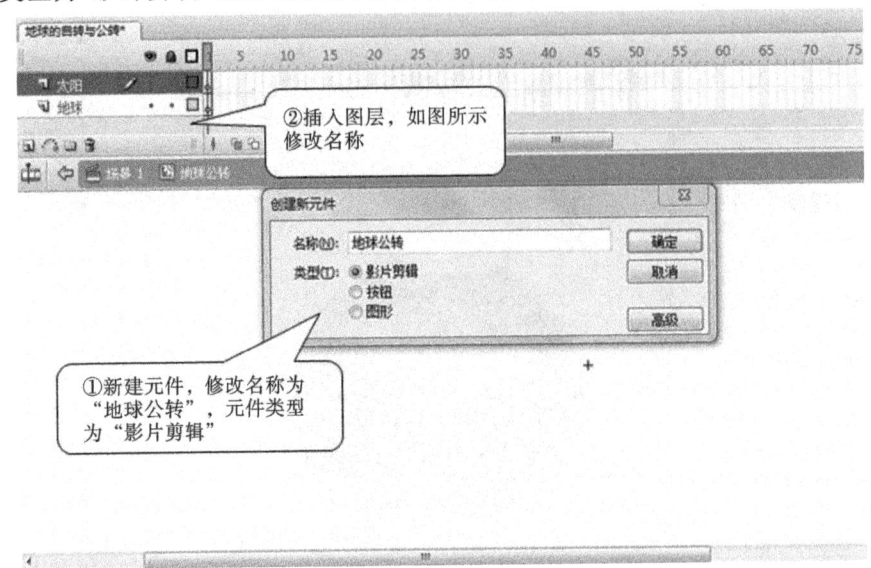

图 4-89　新建元件

步骤 11：接上一步操作，从库中添加"地球自转"和"太阳"元件到相应的图层，添加引导层，并绘制引导线，操作如图 4-90 所示。

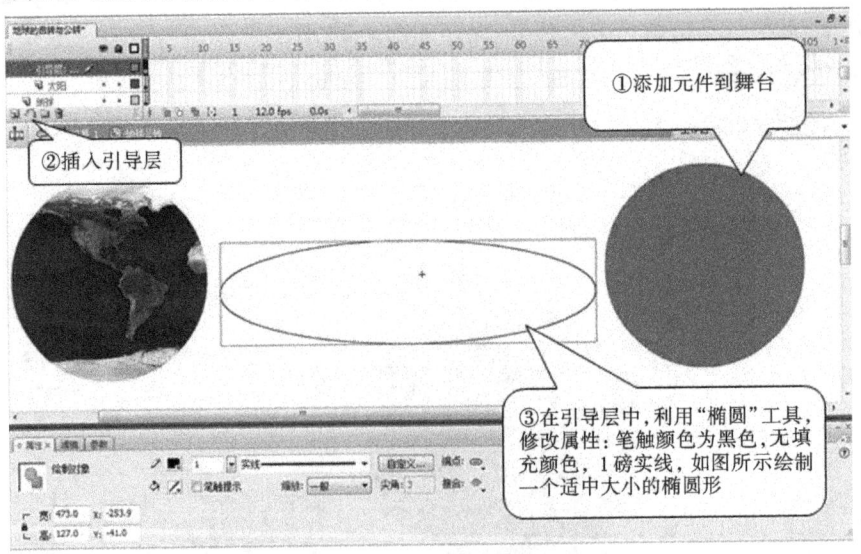

图 4-90　添加元件到舞台并绘制引导线

【知识窗】

引导层指的是 Flash 引导动画中绘制路径的图层。出于视角的考虑，本例设置地球公转的路径为椭圆形,为的是引导地球运动。

步骤 12:接上一步操作,调整元件大小,绘制"地轴",操作如图 4-91 所示。

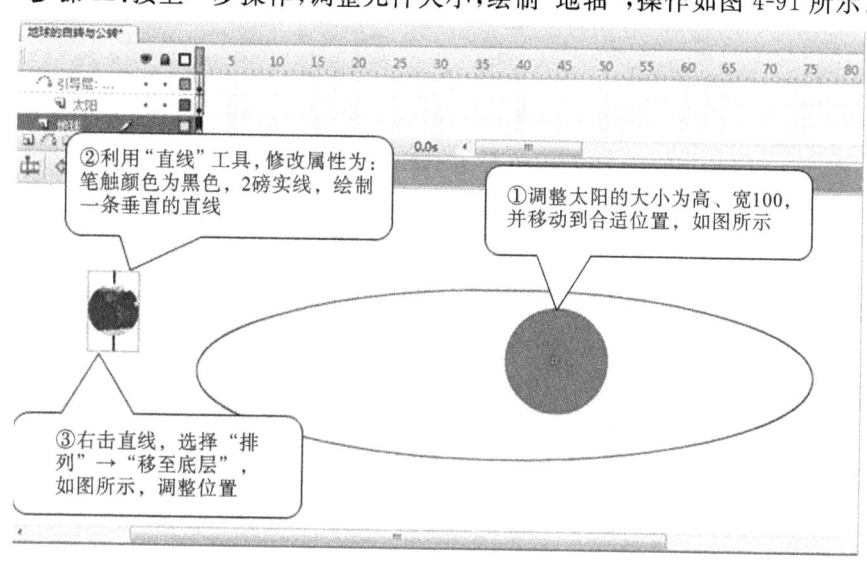

②利用"直线"工具,修改属性为:笔触颜色为黑色,2磅实线,绘制一条垂直的直线

①调整太阳的大小为高、宽100,并移动到合适位置,如图所示

③右击直线,选择"排列"→"移至底层",如图所示,调整位置

图 4-91　绘制图形

步骤 13:接上一步操作,调整"地球"及引导线,操作如图 4-92 所示。

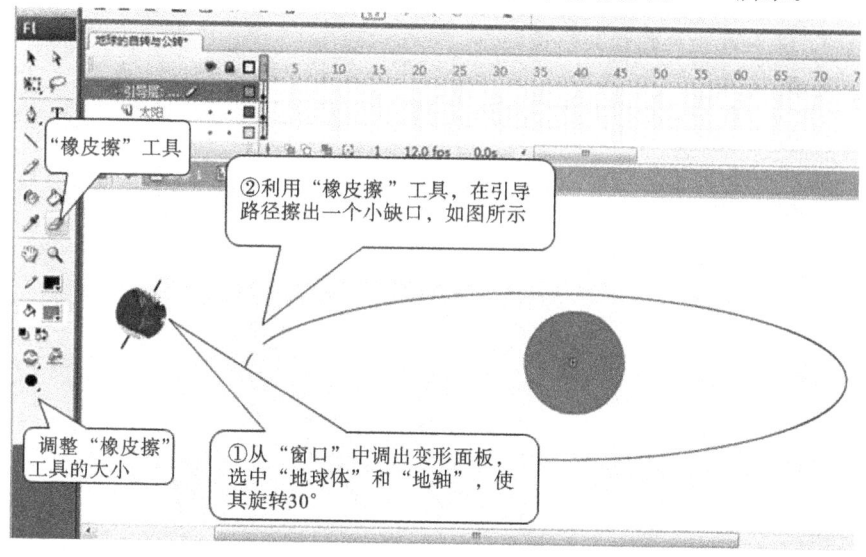

"橡皮擦"工具

②利用"橡皮擦"工具,在引导路径擦出一个小缺口,如图所示

调整"橡皮擦"工具的大小

①从"窗口"中调出变形面板,选中"地球体"和"地轴",使其旋转30°

图 4-92　修改引导层引导路径

【知识窗】

因为"引导路径"是一条路径,既要有起点也要有终点,而椭圆形是一个闭合图形,因此需要利用"橡皮擦"工具,擦出小缺口使椭圆形的路径上出现起点和终点。

步骤14：接上一步操作，制作引导动画，操作如图4-93所示。

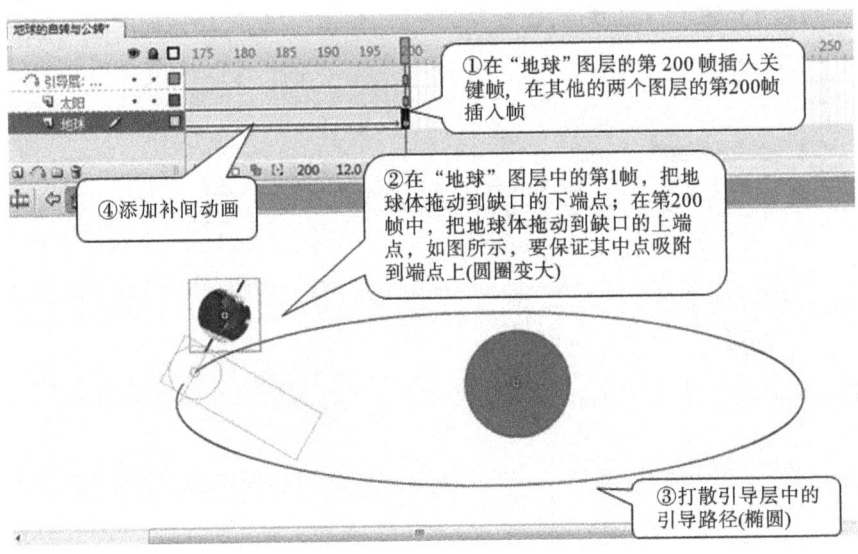

①在"地球"图层的第200帧插入关键帧，在其他的两个图层的第200帧插入帧

②在"地球"图层中的第1帧，把地球体拖动到缺口的下端点；在第200帧中，把地球体拖动到缺口的上端点，如图所示，要保证其中点吸附到端点上(圆圈变大)

④添加补间动画

③打散引导层中的引导路径(椭圆)

图4-93　制作引导动画

步骤15：完成所有操作后，按Enter键预览动画，如地球不能按照路径移动，请重新检查操作。

3．插入背景及制作文字按钮

步骤16：接上一步操作，返回场景1。导入背景图片文件到舞台，利用文本工具添加"自转"和"公转"到舞台，操作如图4-94所示。

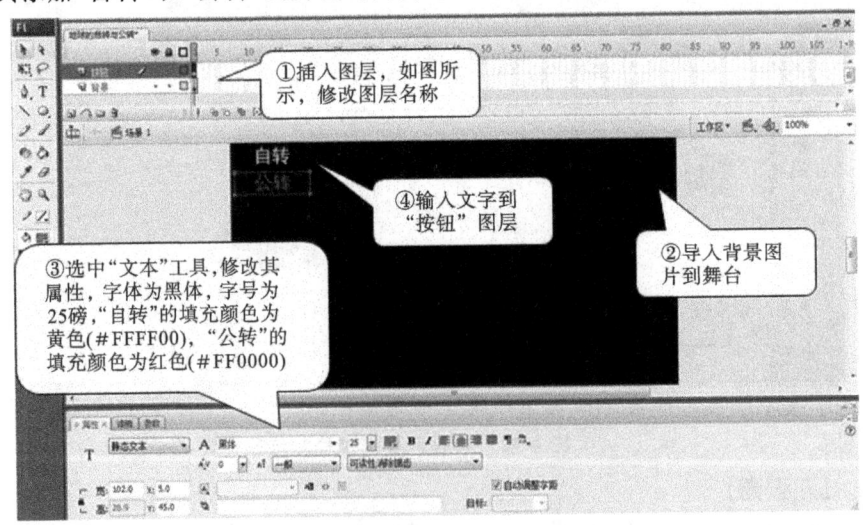

①插入图层，如图所示，修改图层名称

④输入文字到"按钮"图层

②导入背景图片到舞台

③选中"文本"工具，修改其属性，字体为黑体，字号为25磅，"自转"的填充颜色为黄色(#FFFF00)，"公转"的填充颜色为红色(#FF0000)

图4-94　导入背景图片到舞台

步骤17：接上一步操作，将文本转换成元件(快捷键为F8)，操作如图4-95所示。

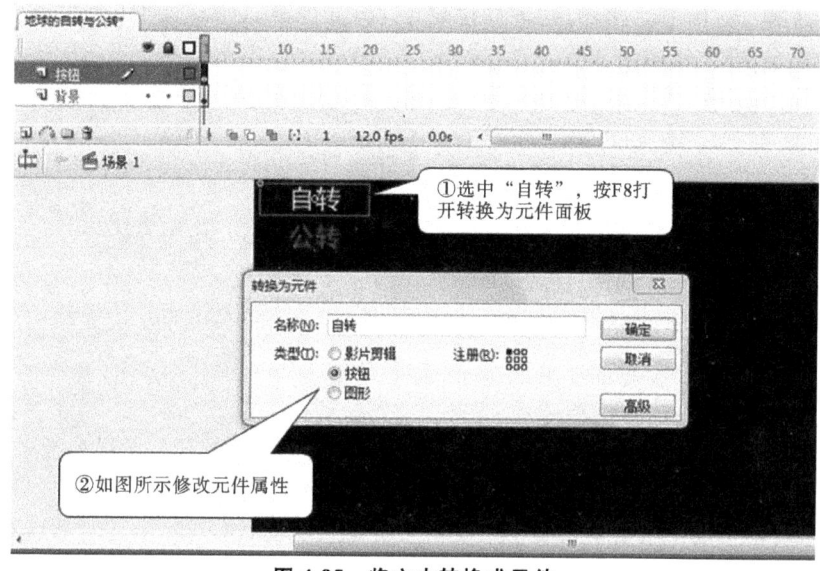

图 4-95 将文本转换成元件

【知识窗】

"新建元件"与"转换为元件"不同,"新建元件"后会直接进入元件界面,而"转换为元件"之后则会留在转换前的界面,如要调整元件则要从库中双击元件进入元件界面。

步骤 18:接上一步操作,从库中双击"自转"元件,进入元件界面,调整按钮元件,操作如图 4-96 所示。

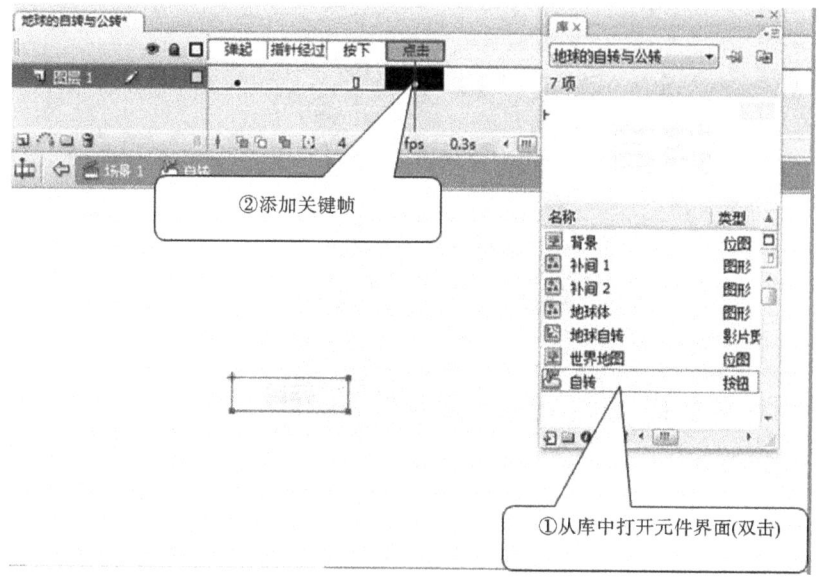

图 4-96 制作文字按钮

步骤 19：接上一步操作，返回场景 1。以此类推，把"公转"转换为按钮元件，完成后如图 4-97 所示。

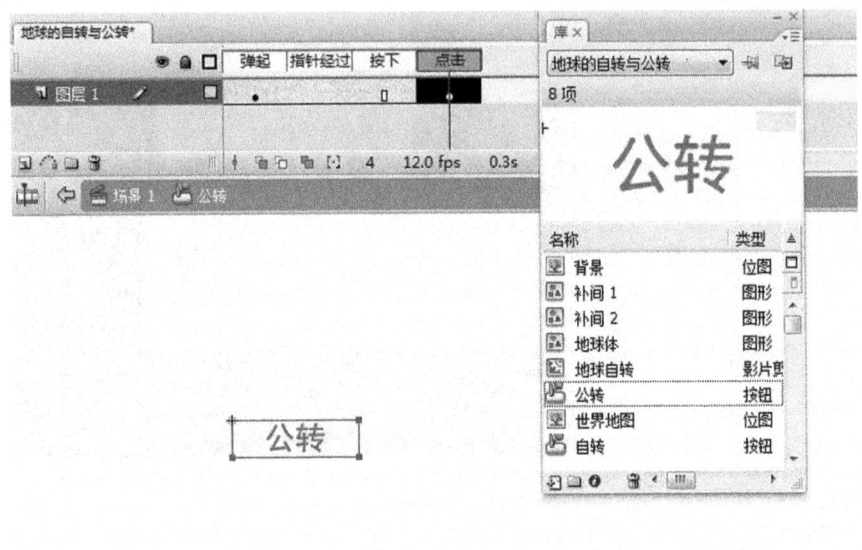

图 4-97 转换为按钮元件

步骤 20：接上一步操作，返回场景 1。插入图层，插入关键帧，并添加元件，操作如图 4-98 所示。

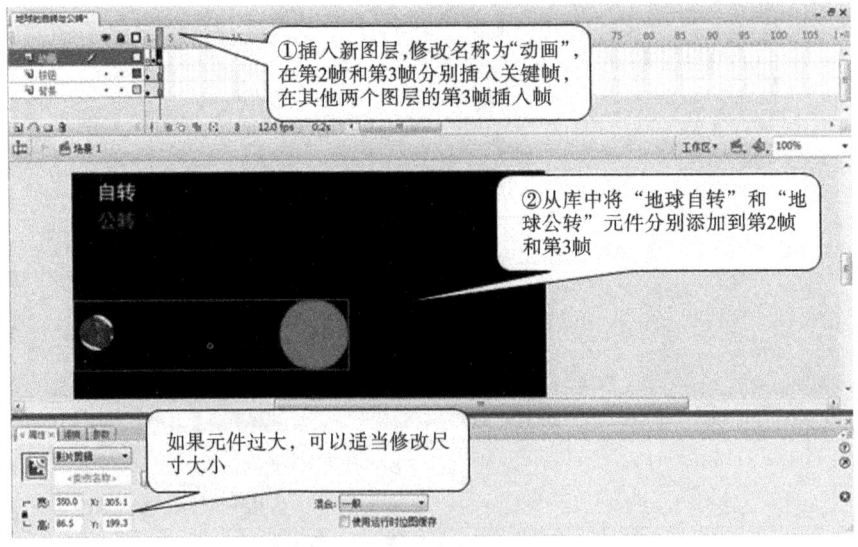

图 4-98 插入关键帧

4. 设置动画交互性

步骤 21：接上一步操作，为"动画"图层的第 1 帧添加"stop"命令，再为两个文字按钮分别添加命令，操作如图 4-99 所示。

图 4-99　添加命令

步骤 22：完成以上操作后，以"地球的自转与公转"命名，保存文件，按 Ctrl＋Enter 预览动画。

学以致用·章末练习

1. 尝试改变关键帧的设置，制作不同的降水动画。
2. 参照一层褶皱的制作方法，制作三层褶皱。
3. 参照"地球的自转与公转"示例，利用遮罩层制作闪动的文字。

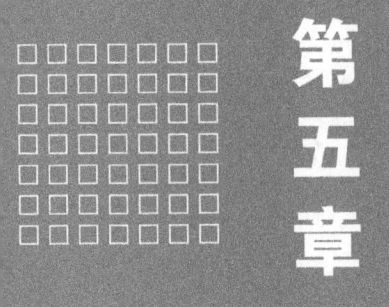

第五章

综合课件制作

本章所提到的综合课件指的是利用多种软件的成品及功能组合而成的课件。在前面的章节中，分别介绍了 Authorware、PowerPoint、Flash 软件的一些基础知识，这三个软件各有优点。Authorware 的优点体现在方便的交互性设置方面，利用图标导向可以使课件一气呵成；PowerPoint 的优点体现于对制作者的要求低，易学易用，使用方便；Flash 的优点体现于动画制作功能强大。综合使用这三种软件，充分发挥其各自的优点，会让整个课件达到更好的效果。

第一节　PowerPoint 与 Flash 的综合应用

PowerPoint 中有非常丰富的动画效果，但还不能完全满足所有课件的制作需要，而 Flash 是一个动画制作软件，对于简单课件的制作也难免过于复杂，因此，本节将介绍如何综合利用 Flash 和 PowerPoint 制作课件，从而使课件达到更好的效果。

本节以"水循环"为例，演示如何将 Flash 动画插入 PowerPoint 中，从而制作一个简单的综合课件。

【制作思路】

整个 PowerPoint 课件共有 5 页，包括封面、概念、环节、分类和动画演示。其中动画演示是使用 Flash 制作的动画文件，其余 4 页使用 PowerPoint 制作。成品课件部分效果如图 5-1 所示。

【制作步骤】

步骤 1：打开 PowerPoint，设计幻灯片，选择设计方案"气流"，设置封面，操作如图 5-2 所示。

步骤 2：接上一步操作，新建 4 张幻灯片，选中第 2 张幻灯片，添加文本"水循环概念"，修改文字效果，添加动画效果，操作如图 5-3 所示。

步骤 3：接上一步操作，选中第 3 张幻灯片，添加文本"水循环的环节"，修改文

图 5-1 成品课件部分效果

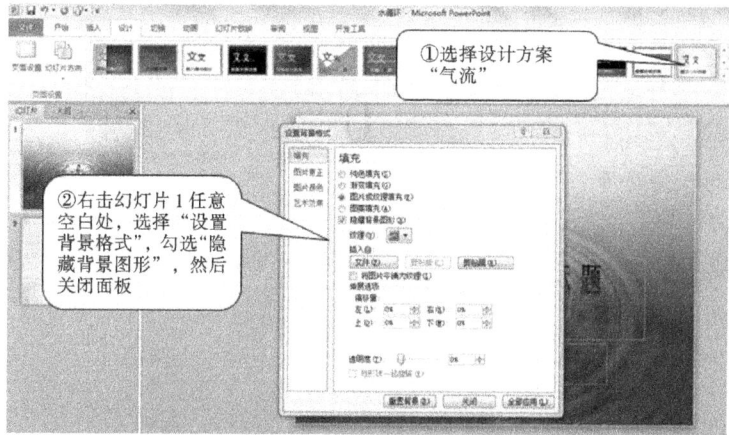

图 5-2 设计幻灯片

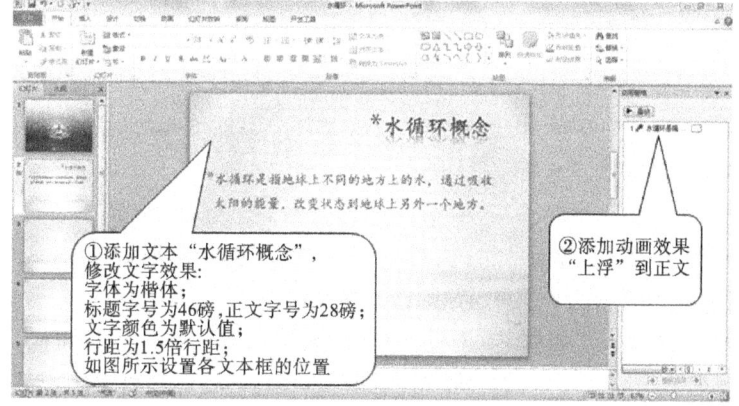

图 5-3 添加文本及动画效果(一)

字效果,添加动画效果,操作如图 5-4 所示。

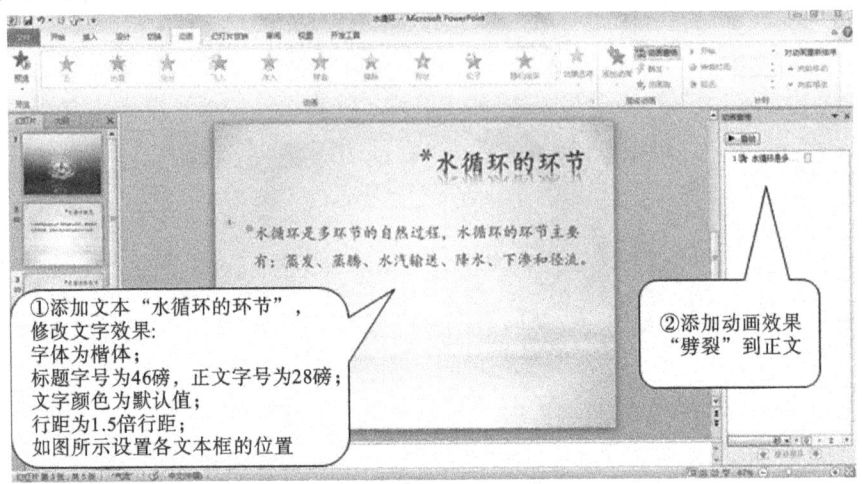

图 5-4　添加文本及动画效果(二)

步骤 4:接上一步操作,选中第 4 张幻灯片,添加文本"水循环的分类",修改文字效果,添加动画效果,操作如图 5-5 所示。

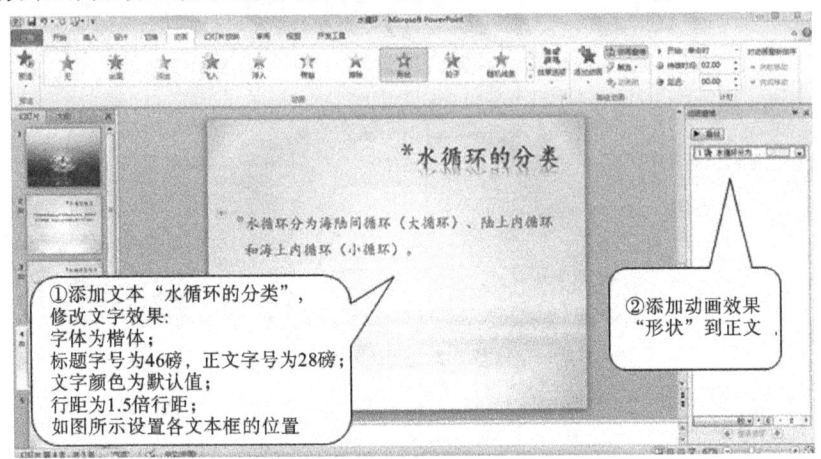

图 5-5　添加文本及动画效果(三)

步骤 5:接上一步操作,选中第 5 张幻灯片,添加文本"水循环的过程",修改文字效果,操作如图 5-6 所示。

步骤 6:接上一步操作,选中第 5 张幻灯片,插入 Flash 动画("水循环. swf"文件),操作如图 5-7 所示(注:执行这一步骤的前提是 Flash 动画要和 Power-Point 文件放在同一文件夹中,否则会出现错误)。

步骤 7:接上一步操作,右击动画窗口(矩形窗口),弹出属性面板,在"movie"栏输入要插入 Flash 影片的名称:"水循环. swf",完成后直接关闭属性面板,操作如图 5-8 所示。

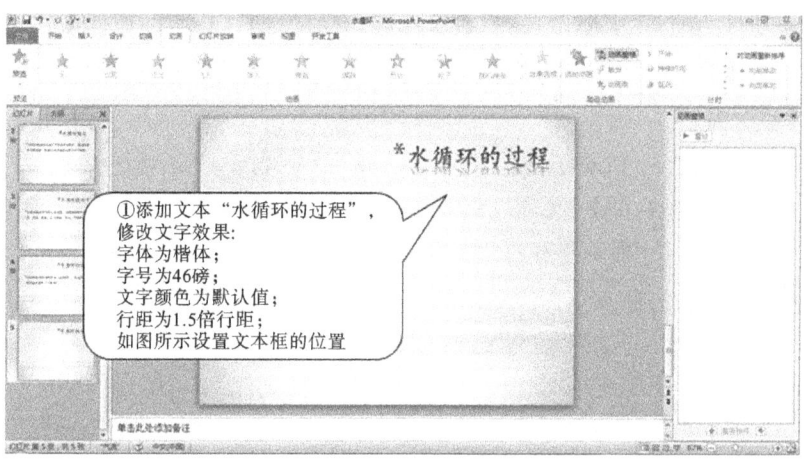

图 5-6 添加文本

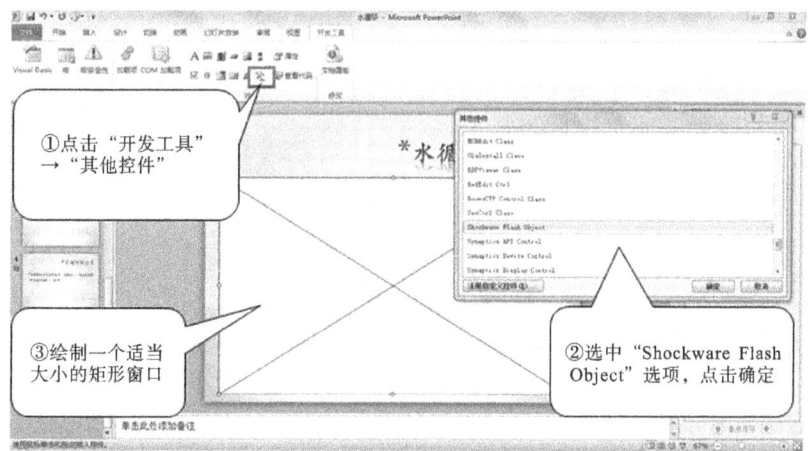

图 5-7 插入 Flash 动画

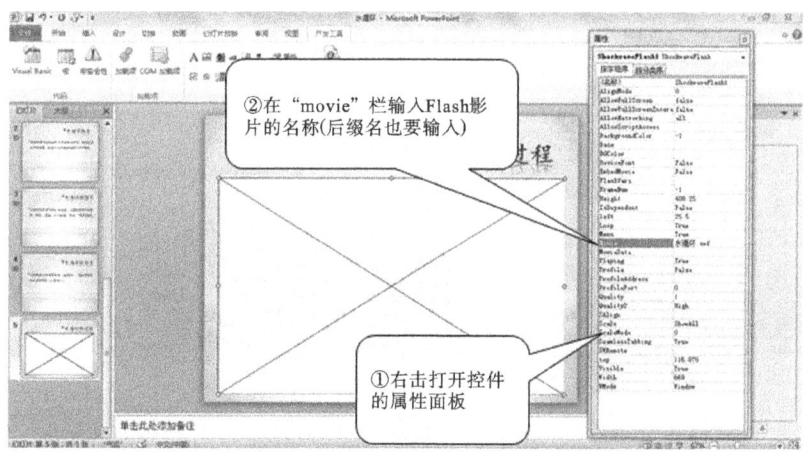

图 5-8 修改 Flash 动画路径

步骤8：接上一步操作，修改完属性后，有时候幻灯片中的控件窗口还是显示空白加大交叉，这时可以通过放映幻灯片来检验是否成功插入了 Flash 控件。

【知识窗】

在某些用户的 PowerPoint 菜单栏上没有"开发工具"选项怎么办？

通过点击菜单栏中"文件"→"选项"→"自定义功能区"，勾选"开发工具"可以调出"开发工具"到菜单栏中，操作如图5-9所示。

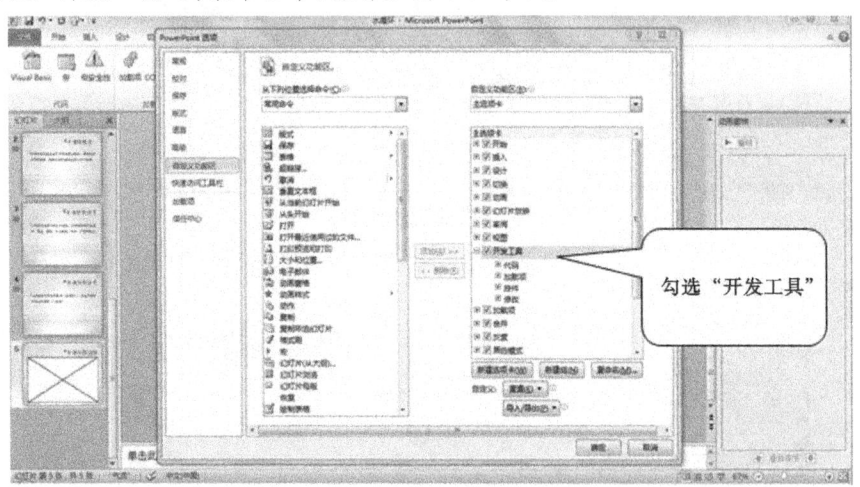

图 5-9   调出"开发工具"选项

步骤9：接上一步操作，在第1张幻灯片上输入课件标题"水循环"，修改文本效果。更改幻灯片的切换方式：第1张为"涟漪"效果，其余4张均为"覆盖"效果，操作如图5-10所示。

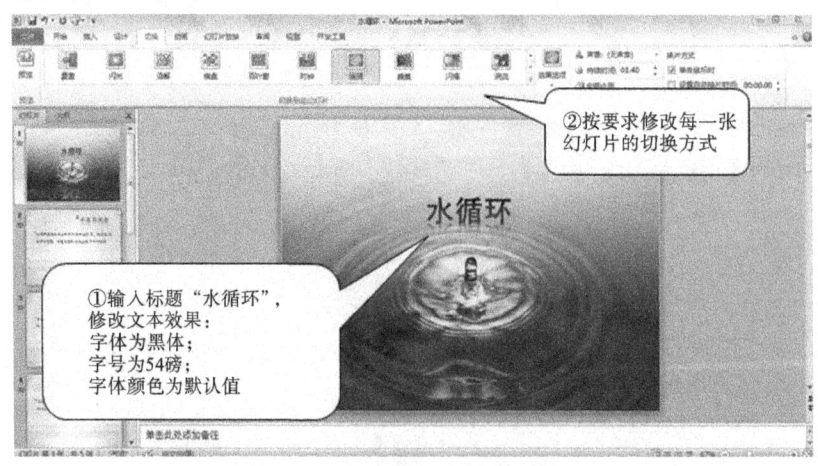

图 5-10   修改幻灯片切换效果

步骤10：完成以上操作后，以"水循环"命名，保存文件，放映幻灯片，观看效果。

第二节 Authorware 与 Flash 的综合应用

本节主要介绍在 Authorware 中导入 Flash 动画的方法。以"水循环"为例对该方法进行简单介绍。

【制作步骤】

步骤 1：新建一个 Authorware 文档，点击菜单栏中"插入"→"媒体"→"Flash movie"，选择 Flash 影片导入，操作如图 5-11 所示。

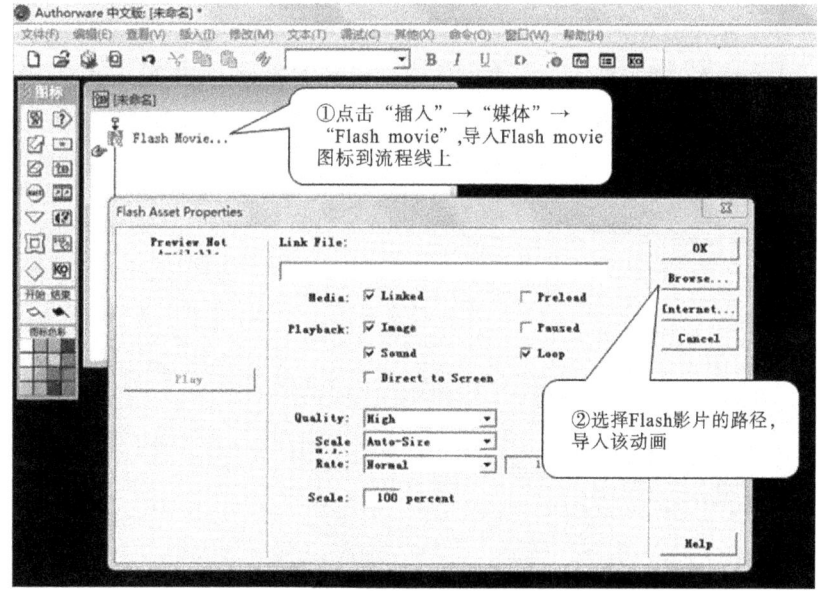

图 5-11 插入 Flash 动画

【知识窗】

在"Flash Asset Properties"对话框中还可以设置是否显示 Flash 动画的图像和声音（"Image"和"Sound"选项）、开始时是否立即播放（"Paused"选项）、是否循环播放（"Loop"选项）等。

学以致用·章末练习

在"水循环"课件的首页插入 Flash 动画"水循环封面"作为封面（提示：控件的大小要铺满这张幻灯片）。

参 考 文 献

[1] 王玉华,于继成.中学地理课件制作三合一[M].北京:红旗出版社,2005.
[2] 王民,唐建军.地理必修第一册[M].北京:中国地图出版社,2012.
[3] 吴有林,安玉,任燕.多媒体课件设计与开发[M].北京:清华大学出版社,2011.
[4] 张军,刘志华,于文.多媒体课件设计与制作基础[M].北京:高等教育出版社,2004.